AF154921

Otto Gottlieb Johann Mohnike

Übersicht der Cetoniden der Sunda-Inseln und Molukken,

nebst der Beschreibung von zweiundzwanzig neuen Arten

Otto Gottlieb Johann Mohnike

Übersicht der Cetoniden der Sunda-Inseln und Molukken,
nebst der Beschreibung von zweiundzwanzig neuen Arten

ISBN/EAN: 9783743414037

Hergestellt in Europa, USA, Kanada, Australien, Japan

Cover: Foto ©ninafisch / pixelio.de

Manufactured and distributed by brebook publishing software (www.brebook.com)

Otto Gottlieb Johann Mohnike

Übersicht der Cetoniden der Sunda-Inseln und Molukken,

Uebersicht

der

Cetoniden

der Sunda-Inseln und Molukken

nebst

der Beschreibung vou zweiundzwanzig neuen Arten.

Von

Dr. Otto Mohnike,

Dirigirendem Sanitäts-Officier der ersten Klasse in der Niederländisch
Ost-Indischen Armee a. D.

Mit 3 Tafeln.

Berlin,

Nicolaische Verlagsbuchhandlung.

(A. Effert und I. Lindtner.)

1872.

Separat-Abdruck aus dem »Archiv für Naturgeschichte 1871.«

Die nachfolgende Uebersicht aller Cetoniden der Sunda-Inseln und Molukken, mit Inbegriff der von Neu-Guinea, so wie einiger weniger von dem Sumatra gegenüberliegenden Theile der Halbinsel Malacca, die auf jener Insel wahrscheinlich ebenfalls vorkommen dürften, umfasst im Ganzen 174 Arten. Hierunter befinden sich zweiundzwanzig neue, bis jetzt nicht beschriebene.

Herr Alfred R. Wallace erwähnt in seinem, in den „Transactions of the London Entomological Society, 3 Series, 1868. Vol. IV. P. 5" mitgetheilten „Catalogue of the Cetoniidae of the Malayan Archipelago, with the Descriptions of the new Species" im Ganzen 181 Arten, worunter aber 25 ausschliesslich den Philippinen und 7 den Salomons-Inseln und Neuen Hebriden angehören. Wegen Mangels an zureichendem Material habe ich die ersteren unberührt gelassen; die letzteren aber sowohl ebenfalls deshalb, als auch weil sie nicht mehr dem geographischen Gebiete angehören, auf welches nachstehender Aufsatz Bezug hat.

Wallace erwähnt also nur 149 Arten aus den Sunda-Inseln und Molukken, mit Einschluss von Neu-Guinea.

Die meisten der durch mich angeführten Arten besitze ich selbst. Bei meinem vieljährigen Aufenthalte in den verschiedensten Theilen des Niederländisch-Indischen Inselreichs hatte ich die Gelegenheit von vielen eine beträchtliche Anzahl Exemplare zu erhalten, hauptsächlich von solchen, bei denen in einem sehr hohen Grade die Hinneigung zur Varietätenbildung besteht, wie z. B. bei den Gattungen *Clinteria*, *Macronota* u. a. m. Hierdurch aber glaube ich einige, hinsichtlich einzelner von ihnen noch obwaltende Irrthümer berichtigen zu können.

Ausserdem habe ich alle Cetoniden aus dem Indischen Archipel, welche sich in den in dieser Beziehung besonders reichhaltigen Sammlungen des Reichsmuseums zu Leiden und der Königlichen Zoologischen Gesellschaft zu Amsterdam befinden, einer sorgfältigen Untersuchung unterworfen. Einen Theil aber der von Herrn Wallace beschriebenen neuen Arten, lernte ich schon vor Jahren durch Anschauung kennen, und machte mir Bemerkungen darüber, als mir das Vergnügen zu Theil ward, diesen unternehmenden Reisenden und ausgezeichneten Naturforscher zu Amboina unter meinem Dache zu sehen.

In dem Leidener Museum befinden sich ein Paar Exemplare von *Rhomborrhina resplendens* oder einer derselben äusserst nahe stehenden Art als von Java, so wie eine stark blau schimmernde Varietät derselben, als von Sumatra stammend angegeben. Die Richtigkeit dieses „habitat" bezweifelnd, theilte ich meine Bedenken Herrn Dr. Snellen van Vollenhoven mit. Auch er war überzeugt dass hier ein Irrthum stattfinden müsse. Die Exemplare waren übrigens schon alt und durch einen seiner früheren Amtsvorgänger mit den betreffenden Etiketten versehen worden. Bei diesem Zweifel hinsichtlich der Richtigkeit jener Ortsangaben, habe ich vorgezogen, das Geschlecht *Rhomborrhina* in diese Uebersicht nicht aufzunehmen. Ich bin nämlich der festen Ansicht, dass dasselbe, mit Ausnahme allein von Japan, auf keinem der Asiatischen Archipele Repräsentanten besitzt.

Was die Classification betrifft, so bin ich im Allgemeinen Lacordaire gefolgt. Eine Abweichung sowohl von ihm, als von Westwood und Burmeister, habe ich mir darin erlaubt, dass ich die von letzterem als Unterabtheilung der Goliathiden aufgestellte Gruppe der Coryphoceriden von diesen trenne und als gleichwerthige gelten lasse. Auch habe ich, Burmeister folgend, die Gattungen *Diceros* Gory und Perch., so wie *Coryphocera* Burm. beibehalten. Westwood und nach ihm Lacordaire fassen diese, wie alle übrigen Coryphoceriden Burmeister's und verschiedene später hinzugekommene Gattungen, wie es mir scheint, auf mehr künstliche als naturgemässe Weise, als Species der einen Gattung *Heterorrhina* zusammen.

Mit Beziehung auf die beiden von mir aufgestellten neuen Genera *Prigenia* und *Cholerastoma* bemerke ich allein, dass sowohl die betreffende Goliathiden- als die Cremastochiliden-Art zu eigenthümlich ist, als dass beide ohne Zwang mit schon bestehenden Gattungen dieser Abtheilungen vereinigt werden könnten.

Hinsichtlich der wenigen Schizorrhiniden des Indischen Archipels, welche, mit Ausnahme der Gattung *Anacamptorrhina* von Neu-Guinea, von Lacordaire mit dem Genus *Schizorrhina* vereinigt wurden, bin ich ebenfalls von demselben abgewichen. In letzterer Gattung zeigt sich nämlich das Verschiedenartigste zusammengebracht. Ich habe deshalb vorgezogen die von Burmeister aufgestellten, von Lacordaire so wie auch von Gemminger und von Harold in ihrem Cataloge eingezogenen Gattungen *Hemipharis* und *Eupoecila* beizubehalten, und zu ersterer die *Schizorrh. Whitei* mit ihren von Wallace als selbstständige Arten bezeichneten Varietäten, zu letzterer aber *Schizorrh. flammula, Schizorrh. nigerrima*, so wie eine neue, mit letzterer nahe verwandte Art gefügt.

Für die Abbildung und Beschreibung letzterer — *Eupoecila balteata* — einer der grössten und schönsten von allen Cetoniden der Indischen Inseln, von welcher das in dem Museum zu Leiden sich befindende Exemplar wahrscheinlich das einzige in Europa ist, bin ich meinem Freunde, Herrn Dr. Snellen van Vollenhoven, Director der entomologischen Abtheilung des genannten Museums verpflichtet. Ich nehme diese Gelegenheit wahr, um sowohl diesem ausgezeichneten Entomologen, als auch Herrn Westerman, dem Director des zoologischen Gartens zu Amsterdam, einer ebenso grossartigen als in jeder Beziehung musterhaften Einrichtung, meinen Dank für die Bereitwilligkeit auszusprechen, mit welcher sie mir die Untersuchung der unter ihre Obhut gestellten entomologischen Schätze gestatteten.

Zum Schlusse bemerke ich noch, dass ich früher die Absicht hatte, dieser Uebersicht auch eine tabellarische Verbreitung der einzelnen Unterabtheilungen, Gattungen und Arten über die verschiedenen Inselgruppen und einzelnen Inseln, beizufügen. Ich stehe hiervon aber ab, da Herr Wallace seinem oben erwähnten Cataloge eine solche angehängt hat. Die Zusammenstellung neuer Tabellen über die geographische Verbreitung der Cetoniden der Indischen Inselwelt durch mich, könnte daher kaum etwas anderes sein, als eine wenig veränderte Wiedergabe der von ihm mit grösster Genauigkeit ausgearbeiteten, unter Weglassung allein der Arten von den Philippinen, so wie von den Inseln östlich von Neu-Guinea, und mit Hinzufügung der von mir beschriebenen neuen Arten.

Sectio I. Goliathidae.

Genus I. *Prigenia*, n. gen. Mohnike.

Diese Gattung steht in der Mitte zwischen *Narycius* und *Cyphonocephalus*, zeigt aber zu viele Eigenthümlichkeiten, um sie mit einem von beiden zu vereinigen. Sie gehört ebenso, wie das gleichfalls auf Java vorkommende Geschlecht *Mycteristes* und das mit demselben nahe verwandte *Phaedimus*, auf den Philippinen, jener Gruppe der Goliathiden mit beinahe kreisrundem, oder besser gesagt stumpfeckig achtseitigem Vorderrücken an, welche

Burmeister und Westwood, im Gegensatze zu den mit trapezförmigem Prothorax, ächte — *Goliathidae genuini* — genannt haben.

In der Gestalt des Kopfes zeigt diese Gattung eine beträchtliche Geschlechtsdifferenz. Der des Männchens erinnert sehr an *Narycius* und *Diceros*. Er ist beträchtlich länger als breit und von der Halsöffnung des Prothorax an beinahe senkrecht nach unten gerichtet. Von seinen Seitenrändern, in ihrer ganzen Länge, entspringen zwei hinten breite, nach vorne schmäler werdende und an ihrem Ende zugespitzte, dreieckige Fortsätze oder Hörner. Dieselben verlaufen parallel und nur ihre Spitze ist etwas nach oben und innen gekrümmt. Ihre äussere Fläche ist gewölbt, ihre innere etwas vertieft. An ihrem Ursprunge, oberhalb der Augen, verbindet ein Stirnfortsatz in Gestalt einer dünnen, nach oben gewölbten, ungefähr einen Millimeter breiten Platte, beide Hörner mit einander. Hierdurch wird eine tiefe Grube zwischen ihnen und der senkrecht nach unten gerichteten oberen Kopffläche gebildet. Der Clypeus ist rinnenförmig vertieft, sein vorderer Rand glatt und nicht ausgebuchtet.

Der Kopf des Weibchens ist ebenfalls länger als breit, wiewohl nicht in dem Masse als bei dem Männchen, und verhältnissmässig kürzer, auch nicht senkrecht nach unten gerichtet. Die Stirn ist etwas vertieft, mit scharfen, glatten, hervorragenden Rändern. Zwischen den Augen zeigt sich eine leichte, höckerartige Erhöhung. Auch der Clypeus ist vertieft; seine Seitenränder sind nach oben gebogen. Der vordere Rand hat einen mehr breiten als tiefen dreieckigen Einschnitt. Die dadurch gebildeten spitzen Lappen krümmen sich nach oben.

An den Fühlhörnern sind bei dem Männchen sowohl der Stiel als die Keule länger, und ist bei ihm die letztere auch mehr zugespitzt wie bei dem Weibchen.

Der Vorderrücken ist bei beiden Geschlechtern unregelmässig kreisrund, bei den Männchen aber gewölbter als bei den Weibchen. Sein grösster Breitendurchmesser beträgt ein Paar Millimeter weniger als die Breite zwischen den Schultern. Sein hinterer Rand bildet einen breiten, mittleren, lappenförmigen Fortsatz, ähnlich wie bei den grossen Goliathiden, mit welchem er sich an die Basis des Schildchens anlegt. Das letztere hat die Gestalt eines gleichseitigen Dreiecks, ist von mittelmässiger Grösse und bei dem Weibchen mehr zugespitzt wie bei dem Männchen.

Die Flügeldecken sind platt und eben, vor allem an ihrer Basis. Sie verschmälern sich nach hinten sehr beträchtlich, sind an ihrem hinteren Ende nur sehr wenig abgerundet und überragen den Körper nirgends. Ihre Aussenränder sind kaum merklich ausgebuchtet. Zwischen der flachen, allein seitlich hervorragenden Schulterecke und dem Scutellum, entspringt bei beiden Geschlechtern auf jeder Flügeldecke eine nach hinten in den gleichfalls nur wenig hervorragenden Analbuckel verlaufende, stumpfe, wenig hervortretende, rippenartige Linie. Der Raum zwischen diesen beiden Linien ist ganz eben; ausserhalb derselben biegen sich die Flügeldecken nach den Seiten der Brust und des Bauches um. Die Naht ragt nur wenig hervor und ist an ihrem hinteren Ende weder klaffend noch zugespitzt. Das Pygidium ist bei beiden Geschlechtern mehr breit als hoch; bei dem Männchen senkrecht nach unten gerichtet, bei dem Weibchen gewölbter nach hinten hervortretend. Auch der Bauch ist bei letzterem gewölbter. Die den Männchen der meisten Cetoniden eigenthümliche longitudinale Vertiefung in der Mitte desselben, ist bei dieser Gattung nur eben angedeutet. Der Sternalfortsatz ragt nicht nach vorn oder oben hervor, und ist an seinem vordersten Theile schmal, wie seitlich zusammengedrückt.

Auch an den Beinen findet eine grosse Verschiedenheit zwischen beiden Geschlechtern statt. Bei dem Männchen ist das erste Paar sehr lang und schlank, mehr als noch einmal so lang wie bei dem Weibchen; namentlich sind die Tarsalglieder, mit Ausnahme des ersten, in die Länge gezogen und ist die Kralle stark entwickelt. Die Tibia des ersten Paares hat an ihrem unteren Dritttheile an der Aussenseite die Andeutung eines Zahnes.

An dem zweiten Paare sind allein die Tarsalglieder und die Kralle länger und stärker als bei dem Weibchen; die Tibia ist durchaus ungezähnt. Letzteres ist auch an der Tibia des hinteren Paares der Fall, die etwas kürzer ist als bei dem Weibchen. Der Tarsus aber ist auch dort wieder länger als bei letzterem. Bei dem Weibchen sind die Tibien des ersten Paares an ihrem unteren breiten Ende mit zwei Zähnen versehen, von denen der untere der stärkste. Die des mittleren und hinteren Paares haben einen Zahn an ihrem unteren Dritttheile. Ausserdem sind bei dem Weibchen alle Endzähne der Tibien länger und stärker als bei dem Männchen.

Der Name dieser Gattung bezieht sich auf das Dorf P r i g e n, im östlichen Theile von Java am Fusse des Vulcan Ardjouno, ungefähr 2500 Fuss über der See gelegen, in dessen Umgegend mehrere Exemplare der diesem Genus angehörenden, bis jetzt einzigen Art gefangen wurden.

> 1. *Prigenia Vollenhoveni,* n. sp. Mohnike.
> Taf. IX. Fig. 1 ♂. Fig. 2 ♂.

M a s: supra viridis opacus; sutura, prothoracis et scutelli marginibus splendentibus; capite, cornubus, prothorace, scutello, elytris pygidioque dense punctatis; punctis squamulas minimas flavescentes gerentibus. Subtus aeneus; pectoris abdominisque medio nitido, lateribus inaequalites punctatis, punctis squamigeris; antennarum clava tarsisque aeneis micantibus; femoribus tibiisque punctatis, squamatis; tibiarum anticarum margine interno luteo ciliato.

F e m i n a: tota fusco-aenea; supra parum nitens, subtus nitidior, laevior; clypeo, fronte, prothorace, scutello elytrisque variolosis; pygidio leviter transversim striolato; pectore, abdomine pedibusque sparsim ac inaequaliter et punctatis et variolosis; tarsis laevibus, nitidis.

Longitudo maris	. . . .	Mm. 32—34
„	„	capitis	. . . . . .	„	8
„	„	tibiae anterioris	. .	„	10
„	„	tarsi	„	. .	„	14

Longitudo feminae . . . . Mm. 26—28

    „   feminae tibiae anter. c. tarso   „ 13

Latitudo maris et feminae inter scapulas „ 13—14

    „   thoracis maris ac feminae . . „ 11—12

Habitat in insula Java (Collectio Mohn. ♂ ♀).

Das Männchen ist oben matt grün gefärbt; allein die Naht so wie die Ränder des Vorderrückens und des Schildchens sind metallisch glänzend. So auch der unterhalb der Hörner hervorragende Theil des Clypeus. Der Kopf, der Vorderrücken, das Schildchen, die Flügeldekken und das Pygidium sind dicht punktirt. In jedem Punkte befindet sich eine sehr kleine, gelbliche Schuppe. Dieses Schuppenkleid ist in der Mittellinie des Thorax und an den am meisten gewölbten Stellen desselben, zu beiden Seiten jener Linie, so wie auf den Rippen der Flügeldecken am sparsamsten. Dasselbe macht die genannten Theile, von der Seite betrachtet, etwas opalisiren. Die Unterseite ist in der Mitte glänzend erzfarben; die Seiten der Brust und des Bauches sind gleichwie der Thorax und die Flügeldecken, aber gröber und ungleichmässiger, punktirt und graugelblich geschuppt. An den Stellen, wo diese Schuppen tragenden Punkte sparsamer sind oder fehlen, wie an den Rändern der Brustplatten und Bauchringe, schimmert die glänzende Erzfarbe durch. Die Keule der Fühlhörner und die Tarsalglieder sind glänzend erzfarbig; alle Oberschenkel und Schienen punktirt und geschuppt. Der innere Rand der Vorderschienen ist mit einem kurzen aber dichten gelblichen Haarsaume besetzt. Auch an dem ersten dicken Gliede des Fühlerstranges zeigen sich einzelne längere Haare.

Das Weibchen ist dunkel metallisch rothbraun, oben mässig, unten stärker glänzend. Die Sculptur seiner Oberfläche ist allenthalben viel gröber als bei dem Männchen. Clypeus, Stirn, Thorax, Schildchen und Flügeldecken sind blatternarbig vertieft. Diese grösseren und kleineren Punkte und grubigen Vertiefungen stehen am sparsamsten in der Nähe des Schildchens, auf der Naht und den Rippen der Flügeldecken. An dem untern Theile der letzteren sind sie am grössten und mehr oval als rund.

Keine von ihnen trägt ein gelbliches Schüppchen wie beim Männchen stattfindet. Das Pygidium ist wagerecht leicht gestrichelt. Die Seiten des Prothorax sind nadelrissig; Brust, Bauch und Beine, mit Ausnahme der Tarsalglieder, sparsam und ungleichmässig punktirt und blatternarbig. Der hintere Rand des letzten Bauchringes ist mit einem gelblichen Haarsaume eingefasst. Sehr vereinzelt stehende, ziemlich lange, gelbliche Haare zeigen sich auf der ganzen Unterfläche und an den Beinen.

Ich widme diese neue und interessante Goliathiden-Art meinem Freunde, Herrn Dr. Snellen van Vollenhoven, dem auch um die Coleopteren des Indischen Archipels so verdienstlichen Director der entomologischen Sammlungen des Museums zu Leiden.

Genus II. *Mycteristes* Castelnau.

Laporte de Castelnau, Hist. nat. des Anim. Art. t. II. p. 162.

1. *Mycteristes rhinophyllus* Wiedemann.

Goliathus rhinophyllus Wiedem. Zool. Mag. Bd. II. p. 52. — *Macronota rhinophyllus* Gory et Percheron, Monogr. des Cétoines p. 62. fig. 5. ♂. — *Goliathus rhinophyllus* Bouquet, Annales de la société entomol. de France, T. V. p. 203. ♀. — *Mycteristes rhinophyllus* Burmeister, Handbuch der Entomol. Bd. III. S. 175. — *Mycter. rhinophyllus* Westwood, Arcana entomologica Vol. I. p. 2. pl. 1. fig. 3. ♂.

Habitat in insula Java (Coll. Mohn. ♂ ♀).

Sectio II. Coryphoceridae.

Genus I. *Diceros* Gory et Percheron.

1. *Diceros bicornis* Latreille.

Cetonia bicornis Latreille in Cuvier regne animal. Edit. III. t. III. pl. 18. fig. 5 ♀. pl. 20. fig. 4 ♂. — *Dicheros plagiatus* Gory et Perch. Mon. d. Cét. p. 300. pl. 58.

fig. 3 ♂. — *Diceros plagiatus* Burm. Hand. d. Ent. Bd. III. S. 218. — *Heterorrhina bicornis* Westwood Arc. entom. Vol. I. p. 140. pl. 36. fig. 8. — *Heterorrh. bicornis* Wallace, Catalogue of the Cetoniidae of the Malayan Archipelago in Trans. ent. Soc. 3. Ser. Vol. IV. 1868. p. 524.

Habitat in insula Timor. (Coll. Mohn. ♂).

2. *Diceros Florensis* Wallace.

Heterorrhina Florensis Wallace, Transact. ent. Soc. 3. Ser. IV. 1868. p. 524.

Habitat in insula Flores.

3. *Diceros Malayanus* Wallace.

Heterorrhina Malayana Wallace, Trans. entom. Soc. 3. Ser. IV. 1868. p. 525.

Habitat in insula Pinang.

4. *Diceros Peteli* Buquet.   Taf. IX. Fig. 3 ♂.

Gnathocera Petelii Buquet, Ann. Soc. ent. Fr. 1868. p. 206. — *Dicheros decorus* Gory et Perch. Mon. d. Cét. p. 301. pl. 58. fig. 4 ♀. — *Heterorrhina Petelii* Westwood, Arc. ent. Vol. I. p. 141. pl. 36. fig. 4 ♀. — *Diceros decorus* Burm. Handb. d. Ent. Bd. III. S. 219. — *Heterorrhina Petelii* Wallace, Trans. ent. Soc. 3. Ser. IV. 1868. p. 526.

Weil das Männchen dieser Art bis jetzt weder beschrieben noch abgebildet ist und unbekannt zu sein scheint, da nach Wallace sich in England keine Exemplare davon befinden, und ich dasselbe auch in dem Museum zu Leiden nicht bemerkt habe, so lasse ich hier seine Beschreibung folgen:

Capite nutante, bicornuto, nigro; clypei margine anteriori incrassato, minime sinuato; cornubus trigonis, parum reclinatis, non divergentibus, interne planis, externe convexis, ante apicem dilatatis; antennis nigris; pronoto rubro, nitido, lateribus punctato, aut immaculato aut medio maius minusve nigro-maculato; scutello rubro; scapulis nigris; elytris flavis, nigro-marginatis, laevigatis, substriato-punctatis, apice vix acuminatis; pygidio rubro transversim aciculato; segmentis abdominis ultimo ac penultimo, femoribus cum coxa posteriori tibiisque rubris; his inermibus; tarsis nigris; pectore nigro, lateribus sparsim punctato; processu sternali longo, inter coxas anteriores protracto, reclinato.

Longitudo maris cum cornubus . Mm. 16—24
„ cornuum „ „ . „ 2½—6½
„ feminae „ „ . „ 13—20.

Habitat in insula Java. (Coll. Mohn. ♂ ♀).

Ich habe während einer Reihe von Jahren ein einziges Weibchen von *Dic. Peteli* besessen, obgleich ich mir viele Mühe gab auch das Männchen zu erhalten. Erst in der letzten Zeit meines Aufenthaltes auf Java ist mir dieses gelungen. Ich entdeckte nämlich im östlichsten Theile dieser Insel in der untern Region des schon genannten Vulcanes Ardjouno, in einer Höhe von ungefähr 2500 Fuss über der See, eine eng begränzte Stelle, wo nicht allein diese Art so häufig war, dass ich ohne Mühe eine grosse Menge davon sammeln konnte, sondern auch viele andere Cetoniden, und unter diesen einige neue, noch nicht beschriebene, vorkamen. Ich hatte hierdurch die Gelegenheit diese Art an mehr als hundert Exemplaren, in allen Formverhältnissen und Abweichungen von der Norm zu beobachten. Ich theile diese Wahrnehmungen hier mit, da die Arten von *Diceros* in den Sammlungen keineswegs häufig und meistens nur in einzelnen Exemplaren vorkommen, es aber wahrscheinlich ist, dass dasjenige, was bei *D. Peteli* stattfindet, sich bei den andern Arten dieser Gattung wiederholen dürfte.

Wie bei den Copriden und Dynastiden mit Beziehung auf die Länge und Entwickelung der Hörner ihres Kopfes und Vorderrückens, bei den Lucaniden hinsichtlich der Länge und Zahnung ihrer Oberkiefer sich die grösste individuelle Verschiedenheit zeigt, so bietet auch der Kopfschmuck des Männchens von *Dic. Peteli* mannichfache Abweichungen. Bei grossen, gleichmässig entwickelten Exemplaren sind die Hörner so lang oder selbst länger als der Vorderrücken, und an ihrem vorderen Theile von aussen nach innen halb um ihre Achse gedreht. Ihre innere Fläche wird daselbst zur oberen

und erscheinen die Hörner hiedurch vorne breiter, abgeflacht, mitunter selbst löffelartig vertieft. Es giebt aber
auch Exemplare, sowohl solche, die in allen Körperverhältnissen hinter der mittleren Grösse zurückgeblieben sind,
als andere, bei denen dieses keinesweges der Fall ist, wo
die Länge der Hörner kaum die Hälfte, mitunter selbst
nicht den dritten Theil von der des Vorderrückens beträgt. In solchen Fällen erscheinen sie vorne scharf zugespitzt. Ein Exemplar von mittlerer Grösse liegt mir
vor, wo die Hörner von mittelmässiger Länge aber ha-
kenförmig nach hinten umgebogen sind. Auch bei den
Weibchen findet eine individuelle Verschiedenheit in der
Länge und Entwickelung des die Vertiefung des Clypeus
überragenden Stirnfortsatzes statt. Auch ist der Einschnitt
an dessen vorderem Rande bei einigen Weibchen tiefer,
und sind die Ecken neben dem Einschnitte spitzer, länger
und mehr nach oben gerichtet als bei andern.

Die Farbe des Thorax und aller oben nicht als
schwarz angegebenen Theile ist ein lebhaftes Kirschroth.
Der Vorderrücken ist in einigen seltenen Fällen durchaus
ungefleckt; oder aber es befindet sich auf ihm, auf jeder
Seite, in der Nähe des Randes, ein grösserer oder kleinerer
schwarzer Fleck und ist der Discus roth. Noch häufiger
wird die Mitte des Thorax durch drei grössere, mehr
oder weniger runde Flecken eingenommen, die entweder
isolirt stehen, oder mit den Rändern aneinanderstossen
und alsdann zu einer breiteren oder schmäleren Querbinde verschmelzen. Dieser Fall ist von allen der häufigste. Immer aber sind diese Flecken etwas weiter von
dem Schildchen wie von dem Kopfe entfernt. Der umgeschlagene Theil des Thorax, die Beine mit Ausnahme
der Tarsalglieder, das Pygidium sind immer roth, häufig
ist solches auch bei dem vorletzten Bauchringe und den
Hüften der Hinterbeine der Fall. Mitunter ist selbst
der ganze Bauch roth. Brust und Schultern bleiben
immer schwarz.

Durchaus keine individuelle Verschiedenheit und
Abweichung von der Norm zeigt sich in der Färbung
der Flügeldecken. Der sie beinahe ganz bedeckende

ovale gelbe Fleck war bei den vielen von mir unter-
suchten Exemplaren immer gleichgestaltet und von derselben relativen Grösse. Der schwarze Grund der Flügeldecke umfasst diesen Fleck gleich einem Rande, der
an der Aussenseite ausserordentlich schmal, an der
Nahtseite etwas breiter, am breitesten aber auf der Schulter und neben dem Nahtende ist. Dieser Fleck ist im
Leben hell weisslichgelb, nimmt aber nach dem Tode
meistens eine dunklere, intensiv gelbe Käsefarbe an. Die
Punktreihen der Flügeldecken sind bei einigen Exemplaren viel deutlicher als bei andern, bei einzelnen kaum
wahrzunehmen. Im Allgemeinen ist ihre Sculptur, so
wie die des Pronotum, viel feiner als bei *Dic. bicornis.*
Hinsichtlich der Farbe und Skulptur dieses Theils findet
zwischen beiden Geschlechtern kein Unterschied statt.

Fasst man die bei *Dic. Peteli* so häufig vorkommende
Verschiedenheit in der Länge und Entwickelung der
Kopfhörner bei dem Männchen, und des vorderen Randes
des Clypeus bei dem Weibchen in das Auge, so scheint
es mir sehr zweifelhaft, ob *Dic. (Heterorrhina) Florensis*
und *Dic. Malayanus* Wallace, wohl wirklich eigene Arten sind, und nicht zu *Dic. Peteli* gezogen werden müssen.
Nach den Beschreibungen von ihnen bei Wallace stimmen beide sehr mit einander überein; die von *D. Malayanus* ist durchaus als wäre sie nach einigen Exemplaren von *Dic. Peteli* in meiner Sammlung entworfen. Ich
halte es selbst für nicht ganz unwahrscheinlich, dass
auch der letztere und *Dic. ornatus* Hope von den Philippinen, nur topische Varietäten ein und derselben Art sind.

5. *Diceros Borneensis* Wallace.

Heterorrhina Borneensis Wallace, Trans. ent. Soc.
3. Ser. IV. 1868. p. 528. pl. XI. fig. 2 ♀.

Habitat in insula Borneo.

6. *Diceros mitratus* Wallace.

Heterorrhina mitrata Wallace l. c. p. 528. pl. XI.
fig. 1 ♀.

Habitat in insula Borneo.

Die beiden letzteren Arten stimmen in der Farbe und Zeichnung des Vorderrückens und der Flügeldecken sowohl mit einander als auch mit *Diceros* (*Heterorrhina*) *dives* Westwood (*Gnathocera Mac Leay* Gory et Perch. — *Mystroceros Diardi* Burm.) beinahe vollkommen über-ein, weichen aber in der Bildung des Clypeus von einander ab. Bei *Dic. mitratus* ist dieselbe wie bei *Dic. bicornis;* bei *Dic. Borneensis* mehr wie bei *Dic. Peteli.* Aus dieser Analogie lässt sich mit Sicherheit schliessen, dass sie zu Arten gehören, deren Männchen gehörnt sind, und also zu *Diceros* gezählt werden müssen. *Dic. mitratus* ist ohne Zweifel das Weibchen von *Dic. dives.* S c h a u m, Ann. Soc. ent. de Franc. 1849. p. 29, sagt mit Beziehung auf letzteres: „La femelle de cette espèce, qui n'est pas encore decrite, existe dans le cabinet de la Société Linneeane de Londres. Elle a le chaperon bidenté dans le milieu de son bord antérieur, le vertex caréné, les jambes anterieures courtes larges, extérieurement bidentées." Hiermit stimmt die Beschreibung von *Dic. mitratus* bei W a l l a c e überein. *Dic. Borneensis* steht *Dic. mitratus* jedenfalls sehr nahe. Ich würde selbst, mit Beziehung auf die Verschiedenheit in der Entwickelung des Kopf-schmuckes, welche ich bei *Dic. Peteli* auch bei dem Weib-chen gefunden habe, beide für identisch und auch *D. Borneensis* für das Weibchen von *Dic. dives* halten, sagte W a l l a c e l. c. nicht so bestimmt, dass sie „differ com-pletely in the armature of the head."

Genus II. *Coryphocera* Burmeister.

Burm. Handb. d. Ent. Bd. III. S. 220.

1. *Coryphocera imperatrix* n. sp. Mohnike. Taf. IX. Fig. 4. ♀.

C. tota aurantiaca purpurascens, nitidissima; thorace aut medio atro-plagiato, aut maculis duabus atris ornato; elytris punctis nigris striatis, angulo scapulari, iuxta scu-tellum apicemque versus atro-maculatis.

Longitudo . . . . . Mm. 28—31
Latitudo inter scapulas „ 7—8.
Habitat in insula Java (Coll. Mohn. ♂ ♀).

Diese Art, vielleicht die schönste von allen Coryphoceriden, zeigt in den körperlichen Verhältnissen die
meiste Uebereinstimmung mit *Cet. sexmaculata* Fabr., ist
aber etwas grösser und kräftiger gebaut. Der Clypeus
ist wie bei letzterer und zeigt in seiner Bewaffnung keine
Geschlechtsverschiedenheit. Auch in den Fühlhörnern
findet sich eine solche nicht. Sie liegt allein in der längeren und schärferen Nahtspitze des Männchens, seiner
Bauchvertiefung, so wie in seinen unbewaffneten, vor der
Spitze kaum etwas ausgebuchteten Vorderschienen, während seine mittleren durchaus unbewaffnet sind, sich auf
seinen hinteren aber in der Mitte die leise Andeutung
eines Zahnes findet. Bei den Weibchen sind alle Schienen stumpf zweizahnig; die vordern ausserdem viel breiter wie bei dem Männchen. Die Oberfläche ist allenthalben ausserordentlich glatt und glänzend; die Farbe oben
wie unten ein prächtiges, in das purpurrothe übergehendes Orange. Bei keiner anderen Art ist die schwärzliche Punktur aller Theile so deutlich und stark. Sie
fehlt allein dem hintersten Theile des Thorax, so wie in
der Mitte des Bauches und der Brust. Der Rand des
Clypeus und seine Vertiefung sind schwärzlich, die
Stirnleiste so wie die Gruben zu beiden Seiten derselben
dicht punktirt, so auch der Vorderrücken, selbst der
Discus desselben. In den meisten Fällen befindet sich
auf letzterem ein grosser mehr breiter als langer, oben
wie unten halbgetheilter schwarzer Fleck. Bei einzelnen
Individuen finden sich, anstatt dieses einen grossen Flek-
kes, zwei kleinere mehr in der Nähe der Seitenränder
gelegene, und bleibt dann der schwarz punktirte Discus frei. Diese beiden Flecke werden aber niemals so
klein wie es bei *Cet. sexmaculata* mitunter der Fall ist. Der
Einschnitt für das Schildchen ist schwarz gerandet, der
umgeschlagene Theil des Thorax schwärzlich. Die Schultern sind orangefarben, glatt, ohne Punkte oder Nadelrisse. Das Schildchen ist schwarz punktirt, hat mitunter
selbst in der Mitte einen feinen schwarzen Längsstreif.
Auf den sehr glatten, besonders in ihrer Mitte mehr
oder weniger purpurroth glänzenden Flügeldecken, las-

sen sich Reihen eingestochener schwarzer Punkte erkennen, deren Anzahl, von der Naht nach dem Scitenrande
zu gerechnet, 13—14 beträgt. Neben den schwarzen, an
ihrem unteren Theile etwas aufgewulsteten und hervorragenden Nahträndern sind diese Punktreihen am deutlichsten; undeutlicher und mehr in einander geflossen am
äusseren, umgebogenen Theile der Flügeldecken. Der
äussere und untere Rand derselben sind äusserst fein
schwarz gesäumt. In jeder Schulterecke befindet sich
ein länglicher, nach unten gezackt verlaufender; und neben dem Schildchen, sich bis zur Naht fortsetzend, auf
jeder Seite, ein zweiter, grosser, schwarzer Fleck. Meistens
fliessen die letztern unter der Spitze des Schildchens in
einander, wie auf der Abbildung. Zwei andere, mehr vier-
eckige, von beiden Seiten in einanderfliessende und dadurch eine breite Querbinde bildende Flecken befinden
sich auf dem unteren Theile der Flügeldecken. Jeder
derselben verlängert sich neben der Naht bis zu ihrer
Spitze. Das Pygidium ist schwärzlich punktirt. Alle
Bauchsegmente sind mit einem breiten schwarzen Saume
versehen, die Seiten schwarz punktirt. Die Tarsalglieder
sind schwarz, die Schenkel und Schienen orangefarben,
nadelrissig und zugleich voller eingestochener schwarzer
Punkte. Letztere stehen besonders dicht an dem Un-
terende der Tibien und geben diesen Theilen eine schwärzliche Färbung. Bei einem Männchen, dem einzigen welches ich besitze, sind alle Schienen, mit Ausnahme des
äusseren Randes der hinteren, ganz schwarz gefärbt. Die
mittleren und hinteren haben bei beiden Geschlechtern an
ihrem inneren Rande einen gelblichen, kurzen Haarsaum.

2. *Coryphocera sexmaculata* Fabricius.

Cetonia decora Illiger, Uebersetz. von Olivier
Ent. Bd. II. S. 148. Note. — *Ceton. sexmaculata* Fabr.
Syst. Eleuth. Tom. II. p. 149. — *Gnathocera sexmaculata*
Gory et Perch. Monog. d. Cét. p. 130. pl. 19. fig. 3 ♂. —
Coryphocera sexmaculata Burm. Handb. d. Ent. Bd. III.
S. 227. — *Heterorrhina decora* Westwood, Arc. Entom.
Vol. I. p. 135. pl. 33. fig. 6. — *Heterorrh. decora* Wallace,
Trans. ent. Soc. 3. Ser. IV. 1868. p. 528.

Von dieser Art befinden sich in dem Museum zu Leiden zwei Stücke mit der Etikette „India orientalis," bei denen die eingestochenen schwärzlichen Punkte auf dem Thorax und den Flügeldecken viel häufiger und grösser als bei einer Reihe von Exemplaren sind, welche ich zu Tebingtinggi im Innern von Sumatra gesammelt habe. Ich fand daselbst an ein und demselben Baume — *Meliosma nitida* Blume — eine Woche lang regelmässig jeden Tag zwei bis drei Exemplare. Es ist das einzige Mal dass mir dieser Käfer vorgekommen. Er variirt sehr hinsichtlich der schwarzen Flecken auf dem Thorax und den Flügeldecken. Die neben dem Schildchen verschwinden häufig gänzlich; von denen auf dem Thorax ist oft nur die Andeutung in zwei kleinen, kaum mehr sichtbaren, schwärzlichen Punkten zu finden. Constant allein und bei allen Exemplaren, die ich besitze, von gleicher Grösse, sind die Flecke auf dem unteren Theile der Flügeldecken.

Habitat in insula Sumatra. (Coll. Mohn. ♂ ♀).

3. *Coryphocera modesta* Wallace.

Heterorrhina modesta Wallace l. c. p. 528. pl. XI. fig. 3 ♂.

Habitat in insula Celebes.

Ich habe die beiden Exemplare dieses Käfers in der Sammlung von Herrn Wallace, schon vor Jahren zu Amboina gesehen und untersucht. In meinen damals darüber gemachten Notizen finde ich, dass das weibliche Exemplar auch auf dem Thorax, neben dem Rande, die Spuren von grünen Flecken, wie die auf den Flügeldecken, zeigte. Dieser Umstand, dessen Wallace nicht erwähnt, scheint anzudeuten, dass auch bei dieser Art individuelle Verschiedenheit hinsichtlich der Färbung bestehen dürfte.

4. *Coryphocera nigrotestacea* Wallace.

Heterorrhina nigrotestacea Wallace l. c. p. 527.

Habitat in insula Bangkalis prope Sumatram. (Coll. Mohn. ♂).

5. *Coryphocera bimacula* Wiedemann.

Cetonia bimacula Wiedem. Zool. Magaz. II, 1. S. 85.
— *Gnathocera bimaculata* Gory et Perch. Mon. d. Cét.
p. 142. pl. 22. fig. 3. — *Heterorrhina confusa* Westwood,
Arc. entom. Vol. I. p. 139. pl. 36. fig. 2. — *Coryphocera
bimacula* Burm. Handb. der Ent. Bd. III. S. 222 u. S. 788.
— *Heterorrhina confusa* Wallace, Transact. ent. Soc. 3.
Ser. IV. 1868. p. 527.

Die von Burmeister im Anhange zum dritten
Theile seines Handbuches (S. 788) gegen Westwood aus-
gesprochene Ansicht, dass dessen *H. confusa* mit *Cet. bimacula* Wiedem. identisch sei, wird durch Schaum,
Ann. Soc. entom. de Fr. 1849. p. 252, wie es mir scheint,
auf überzeugende Weise befestigt. Er sagt nämlich: „La
cetonia bimacula Wied., que j'ai vue dans la collection de
Westermann, est bien positivement la Gnathocera bimaculata Gory et Perch., *Heterorrhina confusa* Westw.,
identité sur laquelle M. Westwood avait émis des dou-
tes (Arc. ent. I. p. 139)". Auch Lacordaire — Genera
des Coléopt. t. III. p. 487 — zieht *Gnath. bimaculata* Gory
et Perch. und *Heterorrh. confusa* Westw. zu *Het. (Cetonia) bimacula* Wiedem. Dessen ungeachtet trennen
Gemminger und von Harold — Catal. coleopt. T. IV.
p. 1281 — die letztere wieder von der *Gnath. bimaculata*
Gory et Perch., der *Heterorrh. confusa* Westw. Ihnen
folgt auch Wallace.

Gory und Percheron nennen als Vaterland ihrer
Gnath. bimaculata, welche sie selbst für identisch mit
Cet. bimacula Wiedem. halten, Java. Heimath der letz-
ren ist Bengalen. Ich habe diese Art niemals, weder auf
Java noch auf einer der andern Sunda-Inseln gefunden
und halte es noch für fraglich, ob sie wohl überhaupt
daselbst vorkommt.

6. *Coryphocera laeta* Fabricius.

Cetonia laeta Fabr. Syst. Eleuth. t. II. p. 150. —
Gnathocera laeta Gory et Perch. Mon. d. Cét. p. 135.
pl. 20. fig. 6. — *Coryphocera laeta* Burm. Handb. d. Ent.

Bd. III. S. 223. — *Heterorrhina laeta* Westw. Arc. ent. Vol. I. p. 137. pl. 34. fig. 2. — *Heterorrhina laeta* Wallace, Trans. ent. Soc. 3. Ser. IV. 1868. p. 530.

Habitat in insulis Java, Sumatra, Borneo. (Coll. Mohn. ♂♀.)

Sectio III. Gymnetidae.

Genus I. *Clinteria* Burmeister.

1. *Clinteria sexpustulata* Gory et Percheron.

Gymnetis sexpustulata Gory et Perch. Mon. d. Cét, p. 376. p. 77. fig. 1. — *Clinteria sexpustulata* Burm. Handb. d. Ent. Bd. III. S. 302. — *Clint. sexpustulata* Schaum. Ann. Soc. entom. de Fr. 1844. p. 365. — *Clint. sexpustulata* Wallace, Trans. ent. Soc. 3. Ser. IV. 1868. p. 526. Diese Art variirt sehr hinsichtlich der Anzahl und Grösse der Flecken auf dem Thorax und den Flügeldecken. Bei einem Exemplare in meiner Sammlung sind sie auf einen ganz feinen Punkt in der Mitte jeder Flügeldecke und auf einen sehr kleinen transversalen Fleck neben der Nahtspitze reducirt. In allen Fällen aber ist ihre Farbe ein lebhaftes Zinnoberroth. Die *Clinteria* (*Gymnetis*) *biguttata* von Gory und Percheron — Mon. d. Cét. p. 374. pl. 76. fig. 4 — ist, wie schon Burmeister muthmasste, gewiss nichts als eine der sehr wenig gefleckten Varietäten von *Cl. sexpustulata*. Wahrscheinlich hat allein der Umstand, dass das von den Verfassern der Monographie beschriebene und abgebildete Exemplar von *Cl. sexpustulata* in ihrer Sammlung irrthümlich als aus Mexiko stammend angegeben war, sie veranlasst, die *Cl. biguttata* aus Java davon zu trennen und als besondere Art aufzustellen.

Habitat in insula Timor. (Coll. Mohn. ♂♀).

2. *Clinteria flavonotata* Hope.

Gymnetis flavonotata Gory et Perch. Mon. de Cét. p. 377. pl. 77. fig. 3. Diese Art, als deren Vaterland G. und P. Ost-Indien nennen, ist eine selbstständige und

nicht, wie Burmeister meinte, mit *Cl. flavomarginata*
Wiedem. identisch. Sie kommt auch auf Java vor, da
ich in der niedrigeren Gebirgsgegend im östlichen Theile
dieser Insel, eine Anzahl Exemplare davon erhalten habe.
Wie bei allen andern buntgefärbten Clinterien findet
auch bei ihr eine grosse Verschiedenheit in der Form
und Grösse der filzigen Flecken auf dem Thorax und den
Flügeldecken statt. Unter neun Stücken, die ich vor
mir habe, stimmen nur zwei in der Zeichnung der Flügeldecken überein, wiewohl sie im Uebrigen einander und
auch der Abbildung bei G. und P. sehr gleichen. Meine
Exemplare sind alle zwischen 13 und 16 Mm. lang, was
mit der in der Monographie angegebenen Grösse — 7 Linien — ziemlich übereinstimmt. Charakteristische Merkmale dieser Art sind das tiefere, mattere, mehr sammtartige
Schwarz der Oberfläche, der wenig tief ausgerandete
Clypeus und der kurze, stumpfe, die mittleren Hüften
kaum überragende Mesosternalfortsatz. Die vier Punkte
auf dem Thorax sind bei meinen Exemplaren ebenso
gestellt wie in der Abbildung bei G. und P. Die beiden hinteren sind am deutlichsten, die vorderen feiner
und bei einigen Stücken kaum noch sichtbar. Die Zeichnung der Flügeldecken besteht in einem lebhaft gelben
Randfleck, der sich unterhalb ihres Ausschnittes, in grösserer oder geringerer Breite, nach der Naht hin fortsetzt,
jedoch ohne dieselbe zu erreichen. Bei einigen Stücken
verlängert sich dieser Fleck nach unten bis zu dem Nahtende; bei andern befindet sich, von ihm getrennt, an dem
untern Ende jeder Flügeldecke ein kleinerer, transversaler, halbmondförmiger. In der Ausbreitung des Seiten-
randfleckes nach der Naht zu bemerkt man, ganz wie
die Abbildung bei G. und P. erkennen lässt, die feinen
eingestochenen Punktreihen der Flügeldecken besonders
deutlich. Das Pygidium und die Unterseite sind durchaus glänzend schwarz, ohne eine Spur von heller gefärbten
Flecken.

Dass *Cl. dives* von van Vollenhofen (Nederl.
Tydschr. voor Entom. Bd. VII. S. 153) keine eigene Art
ist, sondern zu *Cl. flavonotata* gehört, ist mir bei Unter-

suchung der Originalexemplare im Museum zu Leiden
unzweifelhaft geworden. Herr van Vollenhoven sagt
selbst: „Cette espèce me semble très voisine de la *flavonotata* Hope, cependant la forme et la couleur des taches
sur les elytres empêche leur fusion en une espèce unique."
Offenbar wird durch ihn auf die von der Abbildung bei
G. und P. abweichende Gestalt der Flecken bei den betreffenden Exemplaren, und ihre mehr in das Orange
spielende Färbung, ein zu grosses Gewicht gelegt.

3. *Clinteria flavomarginata* Wiedemann.
(Taf. V. Fig. 5 u. 6).

Macronota flavomarginata Wiedem. Zool. Mag. II, 1.
S. 84. — *Clinteria flavomarginata* Burm. Handb. d. Entom.
Bd. III. S. 362. — *Cl. flavomarginata* Wallace, Transact.
ent. Soc. 3. Ser. IV. 1868. p. 530.

Ich habe an einer Stelle in der niedrigeren Gebirgsgegend des östlichen Java, in einer grossen Anzahl von
Exemplaren, eine Clinteria gefangen, die von allen mir
bekannten Arten die grösste Mannigfaltigkeit in der Form
und Grösse der filzigen Flecken auf den Flügeldecken
und dem Vorderrücken zeigt. Andere Exemplare dieser
Art wurden mir von andern Oertern im Innern von Java
zugesandt. In diesem Augenblicke habe ich neunundachtzig
von ihnen vor mir. Mit einigen von ihnen stimmt Wiedemann's Beschreibung seiner *Macron. flavomarginata*
durchaus überein, während andere mit *Clinteria vidua*
von van Vollenhoven (Nederl. Tydschr. voor Entom.
Bd. VII. S. 152. Taf. 11. fig. 6) identisch sind, wovon ich
mich durch Ansicht des Originalexemplares zu Leiden
überzeugt habe. Allein die Gestalt der Flecken und
deren Farbe bedingt den Unterschied zwischen beiden
genannten Arten.

Die Clinteria, welche ich in so vielen Stücken vor
mir habe, ist in der Regel grösser als *Cl. flavonotata* G.
u. P. Ihre Länge beträgt nämlich zwischen 14—18 Mm.
Die grösseren Stücke sind die häufigeren. Auch die Gestalt derselben ist eine andere, da die Flügeldecken sich
bei ihr nach hinten zu mehr verschmälern. Der Clypeus

ist ziemlich tief eingebuchtet, mit feinem hervorragendem Rande; in jeder der Ecken neben der Einbuchtung ist eine kleine Anschwellung, zu denen sich von dem Scheitel eine oben schmale, nach unten breiter werdende Leiste hinzieht. Alle diese Theile, so wie der Vorderrücken in seiner ganzen Ausbreitung, sind punktirt, letzterer weitläufiger. Die Flügeldecken sind in der Umgegend des kleinen, schmalen, spitzigen Schildchens ein wenig vertieft; an ihrer unteren Hälfte, neben der Naht, etwas aufgewulstet und zeigen ausserdem zwei flache ziemlich breite, nach unten zusammenfliessende Längsrippen Alle diese erhabenen Stellen sind durch Reihen ziemlich weit von einander stehender, wenig tief eingedrückter Punkte eingefasst. Das Pygidium ist voll transversaler Nadelrisse; auf den Bauchringen zeigen sich viele sehr getrennt von einander stehende grössere Punkte; auf den Schenkeln und Schienen eben dieselben und auch Nadelrisse; auf den Seiten des Mesosternums dagegen viele mehr auseinander gedrängte ovale Grübchen. Der Mesosternalfortsatz ist durchaus von anderer Form wie bei *Cl. flavonotata* und bildet ein starkes, wagerechtes, nur wenig nach unten gerichtetes, bis an die Hüften der Vorderbeine reichendes, kegelförmiges Horn. Die Hüften der vier vorderen, so wie die Schienen der mittleren und hinteren Beine tragen einen bräunlichen Haarsaum. Auch an den einzelnen Tarsalgliedern befinden sich kleine Haarbüschel. Diese Behaarung ist aber nicht bei allen Stücken gleich stark, bei den Weibchen stärker wie bei den Männchen.

Die Farbe ist oben ein mattes, wenig intensives, unten dagegen ein glänzendes, tiefes Schwarz. Auf jeder Flügeldecke befindet sich bei allen Exemplaren, die ich vor mir habe, ein grösserer länglicher Fleck, der, unter dem Schulterbuckel mit einer schmäleren Spitze beginnend, sich entweder ziemlich in gleicher Breite längs des ganzen äussern und untern Randes der Flügeldecke ununterbrochen bis zum Nahtende hinzieht, jedoch ohne letzteres zu erreichen, und daselbst mit einem etwas nach oben erweiterten abgerundeten Ende aufhört; oder aus zwei durch einen grösseren oder kleineren schwar-

zen Zwischenraum getrennten Stücken, einem obern an
dem äussern und einem untern transversalen an der
Spitze der Flügeldecken, besteht. In dem einen wie dem
andern Falle breitet sich der obere Theil dieses Fleckes
unterhalb des Seitenausschnittes der Flügeldecken häufig
in einer grösseren oder geringeren Breite nach der Naht
hin aus, jedoch ohne sie zu erreichen, wie es auch häufig
bei *C. flavonotata* der Fall ist. Diese Ausbreitung des
Seitenfleckes zeigt meistens eine untere, nach der Naht
gerichtete Spitze. Mitunter befinden sich anstatt ihrer,
zwischen dem Seitenflecke und der Naht, ein oder zwei
isolirte kleine Längsflecken. Der Thorax ist in allen
diesen Fällen entweder einfach schwarz, oder hat auf
seinem Discus zwei kleine Punkte, nicht selten aber auch
auf jeder Seite einen grösseren, neben seinem Rande gelegenen Fleck von unregelmässiger Gestalt. Von der
Mitte dieser Randflecken setzen sich alsdann zwei schmale
Verlängerungen bis auf den Discus fort, wo anders die
erwähnten Punkte stehen. Zu diesen Flecken auf dem
Thorax und den Flügeldecken kommen bei einzelnen
Exemplaren noch andere auf den Schulterblättern, ein
Punkt auf jeder Seite am Aussenrande des Pygidiums,
und kleinere Flecken am Ende der vier letzten Bauchsegmente. Die Abbildungen zeigen das am meisten und das
am wenigsten gefleckte Exemplar in meiner Sammlung.

Alle genannten Flecken und Punkte sind bei dem
lebenden Thiere milchweiss, kaum etwas in das gelbliche
spielend. Schon durch das blosse Tödten in Weingeist
nehmen sie eine dunklere Farbe an, gehen aber, durch
längeres Liegen darin, in ein mehr oder weniger lebhaftes
Gelb über. Ich selbst habe dieses wiederholt erfahren,
und besitze Exemplare mit weissen, wie mit durch Auf-
bewahren in Spiritus hochgelb gewordenen Flecken. Ein
solches hat, nach meiner Ueberzeugung, W i e d e m a n n
bei Beschreibung seiner *Macron. flavomarginata* vorge-
legen. *Clinteria vidua* von v a n V o l l e n h o v e n, von
der Westküste von Sumatra, aber ist nach einem Exemplare der durch mich beschriebenen Art, bei welchem
der obere Theil der in zwei Stücke getrennten Rand-

flecken der Flügelflecken sich nach der Naht hin ausbreitet, deren Thorax, Pygidium und Bauchsegmente aber ungefleckt sind, aufgestellt worden. Sie bildet deshalb keine eigene Species, sondern gehört als Varietät zu *Cl. flavomarginata* Wiedem., die man richtiger *albomarginata* nennen könnte. Vaterland dieser Art ist also Java und Sumatra.

4. *Clinteria egens* van Vollenhoven.

Clinteria egens van Vollenh., Nederl. Tydsch. voor Entom. Bd. VII. S. 152. — *Clint. egens* Wallace, Trans. entom. Soc. 3. Ser. IV. 1868. p. 531.

Habitat in insula Sumatra (Coll. Mohn.); in Borneo (Museum Lugdunense).

5. *Clinteria cinctipennis* Chevrolat.

Gymnetis cinctipennis Gory et Perch. Mon. d. Cét. p. 376. pl. 77. fig. 2. — *Clinteria cinctipennis* Wallace l. c. p. 532.

Burmeister (Handb. der Entom. Bd. III. S. 303), hält diese Art für eine Varietät von *Cl. sexpustulata*; Wallace l. c. ebenfalls dafür, oder aber von *Cl. atra*. Beide irren. Ich habe nämlich eine *Clinteria* vor mir, die von den genannten und allen andern Arten abweicht, dagegen aber sowohl mit der Beschreibung von G. u. P., als ihrer Abbildung gänzlich übereinstimmt, mit Ausnahme allein von einem ganz kleinen, kaum sichtbaren rothen Punkte an jeder Seite des Vorderrückens, dicht neben seinem Rande. Diese Punkte auf dem Thorax der Clinterien sind aber viel zu unbeständig, als dass der Umstand, dass sie dem in der Monographie beschriebenen Exemplare fehlen, bei vollkommener Uebereinstimmung aller übrigen Körperverhältnisse mich veranlassen könnte, letzteres und das mir vorliegende als nicht derselben Art angehörend zu betrachten.

Habitat in insula Java. (Coll. Mohn. ♂).

6. *Clinteria atra* Wiedemann.

Macronota atra Wiedem. Zool. Mag. II, 1. S. 84.

— *Gymnetis funeraria* Gory et Perch. Mon. d. Cét. p. 375.
pl. 76. fig. 5. — *Clinteria atra* Burm. Handb. d. Entom.
Bd. III. S. 304. — *Clint. atra* Schaum, Ann. Soc. entom.
de Fr. 1849. p. 258. — *Clint. atra* Wallace, Trans. entom.
Soc. 3. Ser. IV. 1868. p. 530.

Lacordaire (Genera des Coléopt. t. III. p. 501),
so wie Gemminger und von Harold (Catal. Coleopt.
t. IV. p. 1243) citiren *Cl. biguttata* G. u. P. und *Cl. flavomarginata* Wiedem. als Varietäten dieser Art aber, wie
ich überzeugt bin, mit Unrecht. Die mir vorliegenden
Exemplare von *Cl. atra* stimmen weder in dem Körperbau, noch in der Sculptur der Flügeldecken, mit
den am wenigsten gefleckten Stücken von *Cl. flavomarginata* überein, über welche ich mich ausführlich ausgesprochen habe. *Cl. biguttata* aber muss meines Erachtens,
wie ich schon oben bemerkte, als eine der vielen Varietäten von *Cl. sexpustulata* G. u. P. angesehen werden.
Das eine von meinen beiden Exemplaren hat zwei sehr
kleine gelbliche Punkte auf dem Discus des Prothorax.

Habitat in insula Java. (Coll. Mohn. ♂ ♀).

7. *Clinteria moerens* Gory et Percheron.

Gymnetis moerens Gory et Perch. Mon. d. Cét. p. 375.
pl. 76. fig. 6. — *Clinteria moerens* Burm. Handb. d. Ent.
Bd. III. S. 301.

Habitat in insula Java.

Ich habe diese Art niemals gesehen.

8. *Clinteria Bowringii* Wallace.

Clinteria Bowringii Wallace, Trans. ent. Soc. 3. Ser.
IV. 1868. v. IV. p. 531.

Habitat in insula Java.

Auch diese Art ist mir unbekannt.

9. *Clinteria Malayensis* Wallace.

Clinteria Malayensis Wallace l. c. p. 531.

Habitat in insula Java.

Wallace hält diese Art der *Cl. flavonotata* G. und
P. sehr nahe stehend, aber doch davon verschieden.

Ich glaube, dass sie nichts ist als eine von den vielen, oben erwähnten Varietäten von *Cl. flavomarginata* Wiedem. mit gelb gewordenen Flecken.

10. *Clinteria Flora* Wallace.

Clinteria Flora Wallace l. c. p. 531. pl. XI. fig. 4.
Habitat in insula Flores.

11. *Clinteria viridissima* n. sp. Mohnike Taf. V. Fig. 7.

Cl. viridis, supra submicans, subtus nitidior. Clypeus vix emarginatus. Thorax sexpunctatus. Elytra utrinque fascia media undulata atomisque iuxta apicem albis. Pygidium aciculatum, pilosum. Abdominis segmenta sparsim punctata, duplici serie maculis albis lateralibus ornata. Processus mesosterni conicus, brevis, obtusus.

Longitudo 14 Mm.

Habitat in insula Java. (Coll. Mohn.)

Der Kopf dieser Art ist klein, der Scheitel glatt, die von ihm nach dem Clypeus verlaufende, wenig hervorstechende Schwiele zerstreut punktirt. Eine dichtere Punktirung findet sich zu Seiten derselben und auf dem Clypeus selbst. Die Seitenränder des letzteren sind etwas gebogen, seine Ecken abgerundet, sein vorderer, hervorragender Rand ist kaum sichtbar ausgebuchtet. Der Thorax ist mässig gewölbt, mit kurzem, abgestumpftem hinterem Lappen und allenthalben zerstreut punktirt. Auf seiner vorderen Hälfte befinden sich, in zwei Reihen, sechs kleine weisse, eingestochene Punkte, zwei in der vorderen, vier in der hinteren Reihe. Die Schulterblätter sind stark punktirt. Die Flügeldecken verschmälern sich nach hinten nur wenig; sind abgeflacht und sehr zerstreut punktirt. Nur an ihrer Basis lassen sich die Reihen eingestochener Punkte, durch welche bei den meisten andern Clinterien die erhabenen Längsrippen eingefasst werden, deutlich erkennen. Auch diese Rippen sind bei dieser Art nur schwach angedeutet. In der Mitte jeder Flügeldecke erstreckt sich, von dem Rande aus, eine aus feinen Längsflecken gebildete, wellenförmige Querbinde bis dicht an die Naht, und finden sich auch an ihrer Spitze viele

zerstreute, weisse Flecken. Das Pygidium ist nadelrissig, mit sehr kurzen, zerstreut stehenden gelblichen Härchen besetzt. Die Bauchsegmente haben eine doppelte Reihe weisser Randflecken und sind ausserdem weitläuftig punktirt. Auch; diese Punkte tragen gelbliche Härchen. Die Seiten des Mesosternums sind blatternarbig; sein Fortsatz ist kurz, dreieckig und abgestumpft. Alle Schenkel und auch die mittleren und hinteren Schienen haben an ihrem inneren Rande einen gelblichen Haarsaum; sie sind theils nadelrissig, theils weitläuftig punktirt und mit zerstreut stehenden gelben Härchen besetzt. Die Farbe ist, mit Ausnahme allein der schwarzen Tarsalglieder, oben wie unten allenthalben ein ziemlich lebhaftes, etwas metallisch schimmerndes Grün. Die Unterseite ist viel glänzender als die obere.

12. *Clinteria vidua* van Vollenhoven.

Clinteria vidua van Vollenh. Nederl. Tydschr. voor Entom. Bd. VIII. p. 152. — *Clinteria vidua* Wallace, Trans. entom. Soc. 3. Ser. IV. 1868. v. IV. p. 352.
Habitat in insula Sumatra.

13. *Clinteria dives* van Vollenhoven.

Clinteria dives van Vollenh. l. c. p. 153. — *Clinteria dives* Wallace l. c. p. 532.
Habitat in insulis Borneo et Biliton.

Ich bemerkte schon oben, dass ich die beiden letztgenannten Arten, nachdem ich sie in dem Museum zu Leiden untersucht, nicht für selbstständige, sondern die erste für eine Varietät von *Cl. flavomarginata* Wiedem., die andere für *Cl. flavonotata* Gory et Perch. halten muss.

Genus II. *Agestraia* Eschscholz.

Eschsch. Zoologischer Atlas I. S. 13.

1. *Agestrata orichalcea* Linné.

Scarabaeus orichalceus Linné, Amoenit. Academ. VII. p. 507. — *Cetonia Chinensis* Olivier, Entom. v. I. 6.

p. 11. pl. 2. fig. 5 a u. b. — *Cet. Chinensis* Fabr. Syst. Ent.
p. 42. Eiusd. Syst. Eleuth. t. II. p. 136. — *Cet. Chinensis*
Herbst, Col. v. III. p. 199. t. 28. fig. 2. — *Cet. Chinensis*
Schönherr, Syn. Insect. Bd. I. Th. 3. S. 112. — *Agestrata*
(*Tetragonus*) *Chinensis* Gory et Perch. Mon. d. Cét. p. 305.
pl. 59. fig. 2. — *Agestr. Chinensis* Burm. Handb. d. Ent.
Bd. III. S. 509. — *Agestr. orichalcea* Schaum, Ann. Soc.
ent. de Fr. 1849. p. 259. — *Agestr. orichalcea* Lacord. Gener.
d. Coléopt. t. III. p. 502. — *Agestr. orichalcea* Wallace,
Trans. entom. Soc. 3. Ser. IV. 1868. p. 534. — *Varieta-*
tes nigrae: Cetonia nigrita Fabr. System. Entom. p. 42.
Eiusd. System. Eleuth. t. II. p. 136. — *Ceton. nigrita*
Oliv. l. c. p. 11. pl. 10. fig. 92. — *Ceton. nigrita* Schönh.
l. c. p. 113. — *Agestr. nigrita* Burm. l. c. S. 309. —
Agestr. gagates Hope, Proceed. entom. Soc. 1841. p. 33;
Trans. entom. Soc. III. 1843. p. 282. — *Agestr. Withilli*
Hope l. c. p. 33. p. 282.

Dieser längst und allgemein bekannte Käfer hat ein
sehr ausgebreitetes Vaterland, da dasselbe sich auf dem
Asiatischen Festlande von Bombay bis Canton erstreckt,
und er ausserdem noch auf Ceylon, Borneo, Sumatra und
Java vorkommt. Dass er auch auf Celebes vorkomme
bezweifle ich. Die einzige *Agestrata*, welche ich von
dort erhalten, gehört einer andern Art an. Auf den Molukken findet er sich nicht. Es scheint dass derselbe
den heissen Küstenstrichen den Vorzug vor den höher
gelegenen, kälteren Gebirgsgegenden giebt. Ich fand ihn
wenigstens daselbst am häufigsten. Er war sehr gemein
zu Sambas an der Westküste von Borneo, so wie in der
Umgegend von Sourabaja im östlichen Java. Die Exemplare von Canton, Malacca, Sambas und Palembang sind
auf der Unterseite im Allgemeinen heller gefärbt wie die
von Java. Es kommen jedoch an ein und demselben
Orte hellere und dunklere Stücke vor. Einige, die zu
Sourabaja gefangen wurden, sind heller grünglänzend
wie die aus China; bei anderen breitet sich von der
Schulter eine schwarze Tinte über einen Theil der Flügeldecke aus; noch ein Paar andere sind tief dunkel
schwarzgrün, wie die bei Olivier abgebildete *Cetonia*

nigrita. Der dunklere Fleck inmitten eines helleren neben dem Seitenrande des Thorax, wie bei dem von Gory
und Percheron abgebildeten Exemplare, ist keineswegs allgemein, und kommt am häufigsten bei jungen,
eben entpuppten Individuen vor, um bei zunehmendem
Alter mehr und mehr zu verschwinden. Was die Grösse
betrifft, so variirt diese Art zwischen 37 und 50 Millime-
tern. Charakteristische Kennzeichen derselben sind die
innen concaven, hohen und scharfen Seitenränder des
Clypeus, der kurze und stumpfe Mesosternalfortsatz und
der gänzliche Mangel von Punktreihen auf den Flügeldecken. Auch ist bei keiner anderen Art der Fühlhorn-
fächer bei den Männchen so gross und übertrifft die des
Weibchens so sehr wie bei dieser. (Coll. Mohn. ♂♀.)

2. *Agestrata de Haani* Dupont.

Agestrata Dehaan Gory et Perch. Mon. d. Cét. p. 304.
pl. 59. fig. 1. — *Agestr. de Haanii* Burm. Handb. d. Ent.
Bd. III. S. 308. — *Agestr. orichalcea* Lacord. Gen. des
Coléopt. t. III. p. 503. — *Agestr. orichalcea* Wallace,
Trans. ent. Soc. 3. Ser. IV. 1868. p. 534. — *Agestr. orichalcea* Gemminger und v. Harold, Catal. coleopt. t. IV.
p. 1294.

Habitat in insula Java. (Coll. Mohn. ♂♀.)

Diese seltnere Art ist von *A. orichalcea* wesentlich
verschieden und sehr mit Unrecht zu derselben gezogen.
Sie unterscheidet sich von letzterer nicht allein durch
die beträchtlichere Breite und Länge, welche bei einem
der mir vorliegenden Exemplare 56 Mm., also ungefähr
26 Linien beträgt; durch die viel stärkere Sculptur der
Flügeldecken, auf denen sich von der Naht bis fast zum
Rande hin deutlich Punktreihen erkennen lassen; durch
die stärker hervortretenden Hinterbuckel, zwischen denen
und den mehr zugespitzten Nahtspitzen die Flügeldecken
wie ausgegraben erscheinen; ferner durch den mehr
hervorragenden, längeren, zugespitzten Mesosternalfortsatz,
und die nicht nach innen concaven sondern graden,
stumpfen, wie abgeschliffen erscheinenden Seitenränder
des Clypeus. Auch in der Farbe auf der Oberseite tritt

ein wirkliches Grün mehr hervor. Burmeister hat diese Art richtig erkannt und beschrieben. Die Beschreibung bei Gory und Percheron aber lässt mich zweifeln, ob sie wohl wirklich ein Exemplar dieser Art, und nicht allein ein sehr grosses von *A. orichalcea* vor sich gehabt haben.

3. *Agestrata Pàrrii* Wallace.

Agestrata Parrii Wallace, Trans. ent. Soc. 3. Ser. IV. 1868. p. 534.

Habitat in insula Borneo.

Ich habe diese Art nicht gesehen, halte aber, nach der Beschreibung von Wallace, ihre Identität mit *A. de Haani* keineswegs für unmöglich.

4. *Agestrata augusta* n. sp. Mohnike.

A. fusco-aenea, nitidissima; clypeo subacuto marginato; elytris substriato-punctatis, acuminatis, apice exsculptis; scapulis, pleuris, coxis, pygidio maculisque segmentorum abdominis marginalibus rufescentibus; tibiis pedibusque nigris; processu mesosterni prominente, acuminato.

Longitudo 47 Mm.

Habitat in insula Celebes. (Coll. Mohn. ♂.)

Diese sehr schöne Art unterscheidet sich von den genannten schon auf den ersten Blick durch ihre verhältnissmässig geringere Breite und stimmt in dieser Beziehung mehr mit *A. Luzonica* Eschsch. überein. Die Stirn ist bei ihr gewölbter und auch die Mitte des Clypeus mehr erhaben; die Seitenränder des letzteren sind ebenfalls concav aber nicht so hervorragend und scharf wie bei *A. orichalcea*, indessen höher und schärfer wie bei *A. de Haani;* ihre Endspitzen etwas länger und mehr nach vorne gebogen. Der vordere Theil des Clypeus ist bei ihr schwärzlich und stärker punktirt. Der Vorderrücken wie bei den anderen Arten; sein hinterer Lappen am Ende etwas rinnenartig vertieft. Die Flügeldecken zeigen deutlich aus der Schultergegend nach dem unteren Theile der Naht in schiefer Richtung verlaufende

Punktreihen. Neben der nicht sehr ausstechenden Naht-spitze haben sie eine kleine Ausbuchtung. An dem äus-seren Umfange des Hinterbuckels sind sie stark nadel-rissig, unterhalb desselben und zwischen ihm und der Naht grubig ausgestochen. Die Farbe ist ein sehr schö-nes, bei auffallendem Lichte metallisch golden glänzendes Braun ohne alle Beimengung von Grün. Das Pygidium, die Enden der Bauchsegmente, die hintere Hüfte, Para-pleura, Schulter und die obere Hälfte der Schenkel sind leichter röthlichbraun, stark metallisch schimmernd. Der Mesosternalfortsatz ist, wie bei *A. de Haani*, nach vorne ausstechend und zugespitzt.

Ich habe von dieser seltenen Art nur ein einziges Exemplar, und zwar ein Männchen, von Gorontalo auf Celebes erhalten.

Die Zahl der Arten von *Agestrata* würde sich hier-nach, *A. Luzonica* von den Philippinen mitgerechnet, auf fünf belaufen.

Genus III. *Lomaptera* Gory et Percheron.

Gory et Perch. Mon. des Cét. p. 43.

1. *Lomaptera striata* Wallace.

Lomapt. striata Wallace, Trans. ent. Soc. 3. Ser. IV. 1868. p. 535. pl. XI. fig. 8.

Habitat in insula Java (Coll. Mohn. ♂♀.)

Diese Art ist in einigen Gegenden des Innern von Java durchaus nicht selten, und ich habe viele Exemplare davon erhalten. Wallace nennt sie mit Recht eine aberrante Form, die mir den Uebergang zu *Agestrata* zu bilden scheint.

2. *Lomaptera Timoriensis* Wallace.

Lomapt. Timoriensis Wallace l. c. p. 535.

Habitat in insula Timor. Coll. (Mohn. ♂♀).

Diese Art ist selbst in den grösseren Stücken klei-ner als *L. pulla* Schönh., von der sie sich ausserdem und hauptsächlich durch die deutlicheren, sich über den gröss-ten Theil der Flügeldecken ausbreitenden Punktreihen, den kürzeren, mehr zugespitzten hinteren Lappen des Thorax und den kürzeren, feineren, nadelförmig zugespitzten Mesosternalfortsatz unterscheidet. Wallace erwähnt letzteren Umstand nicht. Ich zeichne dieses aber nach Exemplaren an, die ich von ihm selbst empfangen habe. In dem Museum zu Leiden befindet sich eine *Lomaptera*, etikettirt als *L. castanea* n. sp. Dieselbe schien mir ein ganz junges, noch nicht lange entpupptes Exemplar von *L. Timoriensis* zu sein, bei welchem die Pigmentabsetzung noch nicht vollkommen stattgefunden.

3. *Lomaptera pulla* Billberg.

Cetonia pulla Billb. in Schönh. Syn. Insect. Bd. I, 3. App. p. 46. — *Cet. nigrita* Fröhlich, Naturforscher, Bd. 26. p. 110; Bd. 29. T. 3. fig. 5. — *Cet. anthracina* Wiedem. Zool. Magaz. Bd. II, 1. S. 83. — *Lomaptera pulla* Burm. Handb. d. Ent. Bd. III. S. 316. — Varietäten: *Lomapt. ebena* Burm. l. c. p. 315. — *Lomapt. cupripes* Waterhouse, Proceed. ent. Soc. 1841. p. 27; Trans. ent. Soc. IV. 1845. p. 38. — *Lomapt. nigro-aenea* Waterh. l. c. p. 27; p. 38. — *Lomapt. nitens* Blanchard, Liste des Cét. du Mus. p. 17. — *Lomapt. viridi-aenea* Gory et Perch. Mon. d. Cét. p. 309. pl. 60. fig. 5. — *Lomapt. pulla* Wallace, Trans. ent. Soc. 3. Ser. IV. 1868. p. 356.

Habitat in insula Java (Coll. Mohn. ♂♀); in insula Luzon, in China, Tenasserim, in insula Pinang et in India. (Wallace.)

Zu dem sehr ausgebreiteten Vaterlande dieser Art muss auch Java gezählt werden, da sie dort nicht allein vorkommt, sondern in einigen Gegenden des östlichen Theiles sogar sehr häufig ist. Ich habe daselbst eine grosse Anzahl Exemplare erhalten, die mit der Beschreibung Billberg's von *Cet. pulla* und Wiedemann's von *Macron. anthracina* sehr übereinstimmen. Dieselben sind, ohne Ausnahme auch nur eines einzigen Stückes unter Hunderten, alle tief schwarz, ohne die geringste Spur metallischen Glanzes, bei auffallendem Lichte violettblau schimmernd. Billberg nennt seine Art „coerulescens atra;" Wiedemann die seinige „dunkelbläulich oder

kohlschwarz, kaum halbmetallisch." Es ist mir auffallend unter den vielen Exemplaren dieser Art von Java, kein einziges gefunden zu haben, welches in seiner Farbe auch nur Spuren von Uebergang in Grün zeigte; um so mehr, als ich unter einer grösseren Zahl Stücke von anderen, sämmtlich an ein und demselben Orte gefangenen Cetoniden, von denen eine grüne und eine schwarze Varietät besteht, wie z. B. *Agestr. orichalcea* und *Plectrone tristis*, stets wenigstens einzelne Stücke der Farbenvarietät, die an dem betreffenden Orte die seltnere ist, gefunden habe. Die Sculptur der Flügeldecken ist bei allen ganz wie die genannten Schriftsteller sie angeben. Ihre Grösse variirt zwischen 21—28 Mm. Was die beiden eingedrückten Punkte auf dem Vorderrücken betrifft, deren Billberg erwähnt, so sind dieselben allein als individuelle Anomalie zu betrachten, die nicht ganz selten vorkommt. Ich besitze Exemplare von dieser und anderen *Lomaptera*-, so wie von *Coryphocera*- und *Agestrata*-Arten mit solchen „punctis duobus geminis impressis." Auch die Andeutung einer vertieften mittleren Längslinie des Halsschildes, von der Wiedemann spricht, findet sich ausnahmsweise bei einzelnen Stücken.

4. *Lomaptera Agni* Wallace.

Lomapt. Agni Wallace, Trans. ent. Soc. 3. Ser. IV. 1868. p. 537.

Habitat in insula Pinang.

Diese Art möchte ich für keine eigene und selbstständige, sondern nur für eine der mannigfachen metallisch glänzenden und heller gefärbten Varietäten von *L. pulla* halten. In dem Museum zu Leiden nämlich befindet sich das Männchen einer prachtvollen, ausserordentlich glänzenden, oben und unten kupferrothen Varietät derselben, die mit der Beschreibung von *L. Agni* bei Wallace vollkommen übereinstimmt. Sie stammt von Borneo und ist als *viridiaenea* etikettirt. Allein bei ihr ist das Scutellum nicht gänzlich durch den Lappen des Prothorax bedeckt. Auch bei meinen Exemplaren von *L. pulla* ist das Schildchen immer, wiewohl in einzelnen Fällen

3

nur noch eben zu erkennen. Nebenumstände, wie z. B.
ein schnelleres oder langsameres **Tödten** und Trocknen
des Thieres, seine **Haltung** des Thorax im Augenblicke
des Todes u. s. w., können die Ursache werden, dass das
Schildchen bei einzelnen Exemplaren grösser, bei anderen kleiner, selbst beinahe verschwindend erscheint. Bei
L. Agni ist letzteres gänzlich unter dem Lappen des Vorderrückens verborgen, und findet W a l l a c e eben in diesem Umstande, so wie in dem weniger gebogenen Meso-
sternalfortsatze, und dem Fehlen eines Randzahnes an
den Hinterschienen Gründe, um sie von *L. pulla* zu trennen. Dieses Bedecktsein des Schildchens wäre allerdings
als charakteristisches Kennzeichen einer anderen Art
anzusehen, wenn dasselbe wirklich ein vollkommenes ist
und nicht allein scheinbar stattfindet. Den Mesosternalfortsatz finde ich bei den grösseren und grössten Stücken
von *L. pulla* stets viel weniger nach oben gekrümmt als
bei kleineren, und die Zähne an dem Rande der Hinterschienen sind bei einigen der mir vorliegenden grösseren Männchen so gut wie verschwunden.

5. *Lomaptera virens* Hombron et Jacquinot.

Cetonia plana Paykull in Schönh. Syn. Insect. Bd. **I**, 3.
App. p. 67. — *Lomapt. virens* Hombr. et Jacq. Voyage
au pôle Sud. Ins. Coléopt. pl. IX. fig. 6. — *Lomapt. valida* Chevrolat in **Gory** et Percher. Mon. d. Cét. p. 308.
pl. 60. fig. 2. — *Lomapt. valida* Burm. Handb. d. Entom.
Bd. III. S. 314. *Lomapt. virens* Wallace, Trans. ent. Soc.
3. Ser. IV. 1868. p. 538.

Habitat in insulis Amboina et Ceram. (Coll. Mohn. ♂ ♀).

Von den beiden auf **Amboina** lebenden Lomapteren
ist diese die häufigste und nicht, wie H o m b r o n und
J a c q u i n o t erklären, *L. d'Urvillii* Burm., die weder daselbst noch überhaupt auf den Molukken vorkommt.
Weder Herr W a l l a c e noch ich selbst, während meines
sechsjährigen Aufenthaltes und anhaltenden Sammelns
auf der genannten kleinen Insel, haben sie jemals dort
gefunden.

6. *Lomaptera Latreillii* Gory et Percheron.

Lomapt. Latreillii Gory et Perch. Mon. d. Cét. p. 307. p. 60. fig. 1. — *Lomapt. Latreillii* Burm. **Handb. d. Ent.** Bd. III. S. 314. — *Lomapt. Latreillii* Thomson, Mus. Scient. I. 1860. p. 34. — *Lomapt. Latreillii* Wallace, Trans. ent. Soc. d. Ser. IV. 1868. p. 538.

Habitat in insulis Ternate et Tidor. (Coll. Mohn. ♂♀.)

7. *Lomaptera olivacea* Thomson.

Lomaptera olivacea Thoms. Mus. scient. I. 1860. p. 34. — *Lomapt. olivacea* Wallace, Trans. entom. Soc. 3. Ser. IV. 1868. p. 540.

Habitat in insulis Ternate, Batjian (Coll. Mohn. ♂♀); Gilolo, Morotai, Batjian (Coll. Wallace).

8. *Lomaptera Wallacei* Thomson.

Lomaptera Wallacei Thomson, **Arch. Entom.** Vol. I. p. 426. pl. 16. fig. 1. — Wallace l. c. p. 540.

Habitat in insulis Ternate, Tidor, Gilolo (Coll. Mohn. ♂♀); Arou (Coll. Wallace).

9. *Lomaptera Arouensis* Thomson.

Lomaptera Arouensis Thoms. l. c. Vol. I. p. 428. pl. 16. fig. 1. — *Lomapt. Arouensis* Wallace l. c. p. 541.

Habitat in insula Kei.

10. *Lomaptera Ceramensis* Wallace.

Lomaptera Ceramensis Wallace l. c. p. 541.

Habitat in insulis Amboina et Ceram (Coll. Mohn. ♂♀).

Diese ist die andere der auf Amboina vorkommenden Lomaptera-Arten. Sie ist aber viel seltener als *L. virens*, und findet sich nur auf der nördlichen, Ceram zugewandten, Hitou genannten Hälfte dieser Insel. Sie zeigt eine grosse Uebereinstimmung mit *L. Arouensis* und eine noch grössere, wie Wallace zugleich bemerkt, mit *L. Cambodiensis*, einer durch ihn beschriebenen Art aus Hinter-Indien.

11. *Lomaptera Batchiana* Thomson.

Lomaptera Batchiana Thomson, Mus. scient. I. 1868.
p. 35. — *Lompt. Batchiana* Wallace l. c. p. 543.

Habitat in insulis Batjian, Gilolo (Coll. Mohn. ♀).

12. *Lomaptera pygidialis* Thomson.

Lomaptera pygidialis Thomson l. c. p. 35. — *Lomapt. pygidialis* Wallace l. c. p. 543.

Habitat in insulis Ternate, Tidor, Gilolo (Coll. Mohn. ♂♀); Kaioa (Coll. Wallace).

13. *Lomaptera concinna* Wallace.

Lomaptera concinna Wallace l. c. pl. XII. fig 1.

Habitat in insulis Arou.

Diese Art hat in ihrer Gestalt viele Uebereinstimmung mit *L. Ceramensis*, von der sie sich hauptsächlich dadurch unterscheidet, dass bei ihr die Spitze des Clypeus, die Antennen, die Beine und die beiden letzten Bauchsegmente nicht grün, sondern purpurn-kupferfarbig sind.

14. *Lomaptera validipes* Thomson.

Lomaptera validipes Thomson, Arch. Entom. Vol. I. p. 427. pl. 16. fig. 2. — *Lomapt. validipes* Wallace l. c. p. 542.

Habitat in insulis Arou et Nova-Guinea.

15. *Lomaptera Adelpha* Thomson.

Lomaptera Adelpha Thomson l. c. p. 428. pl. 16. fig. 3. — *Lomapt. Adelpha* Wallace l. c. p. 544.

Habitat in insulis Arou.

16. *Lomaptera inermis* Wallace.

Lomaptera inermis Wallace l. c. p. 545. pl. XII. fig. 2.

Habitat in Nova-Guinea.

Herr Wallace hat von dieser Art nur ein einziges Exemplar, ein Weibchen, auf Neu-Guinea gefangen. Nach seiner Abbildung davon scheint mir dieselbe in ihrer Gestalt weniger mit *L. Papua*, wie er meint, als mit *L. xanthopus* übereinzukommen. Wahrscheinlich ist sie nichts

als eine Varietät der letzteren, mit welcher sie die rothe Färbung des Clypeus, des hinteren Theiles der Flügeldecken, des Pygidiums und der Beine gemein hat; nicht aber das bei den meisten, aber **nicht allen** Stücken von *L. xanthopus*, und nicht bei allen in gleichem Maasse stattfindende Farbenspiel auf den Flügeldecken theilt. Unter verschiedenen Exemplaren letztgenannter Art besitze ich auch ein Weibchen, bei welchem die Randzähne der Vorderschienen obsolet sind.

17. *Lomaptera xanthopus* Boisduval.

Lomaptera xanthopus Boisd. Faune ent. de l'Oceanic. p. 225. Eiusd. Voyage de l'Astrolabe. Coléopt. p. 225. t. 7. fig. 3. — *Lomapt. xanthopus* Burm. Handb. d. Ent. Bd. III. S. 315. — *Lomapt. xanthopus* Wallace l. c. p. 542.

Habitat in insulis Mysole (Coll. Mohn. ♂ ♀); et Nova-Guinea (Coll. Wallace).

18. *Lomaptera Papua* Guerin.

Lomaptera Papua Guerin in Voyage de la Coquille Zool. t. II. p. 91. pl. 3. fig. 11. — *Lomapt. Papua* Boisd. Faune entom. de l'Oceanic p. 224. — *Lomapt. Papua* Gory et Perch. Mon. d. Cét. p. 309. pl. 60. fig. 4. — *Lomapt. Papua* Burm. Handb. d. Ent. Bd. III. S. 315. — *Lomapt. Papua* Wallace, Trans. ent. Soc. 3. Ser. IV. 1868. p.544.

Habitat in insulis Waigiou (Coll. Wallace) et Nova-Guinea (Museum Parisiense).

19. *Lomaptera Doreica* n. sp. Mohnike.

L. supra lacte viridi inaurata, nitidissima; clypeo lobis punctato; thorace lateribus punctato, disco loboque posteriori lucididissimis; elytris postice attenuatis, transversim aciculatis, angulo scutellari sparsim punctatis, gibbis posterioribus prominentibus, sutura parum acuminata; pygidio conoideo; abdomine, pectore pedibusque concoloribus, nitidis; processu mesosterni longo, protracto, apice horizontali.

Longitudo . . . . . . Mm. 36
Latitudo elytrorum inter humeros „ 16
„ „ in apice . . „ 12.
Habitat in Nova-Guinea. (Coll. Mohn. ♂ ♀).

Oben und unten goldgrün, nicht dunkler als Cetonia
aurata. Die Ränder des Clypeus sind ungerandet, seine
Lappen punktirt. Nach oben wird die Punktur weniger dicht, und auf der Stirn und dem Scheitel noch
weitläuftiger. Die Seiten des Thorax sind in einer beträchtlichen Breite, doch weniger dicht punktirt, seine
Mitte aber und der an seinem Ende breite, abgerundete,
das Schildchen gänzlich bedeckende hintere Fortsatz spie-
gelglatt und im höchsten Maasse glänzend. Die Flügeldecken sind unten um den vierten Theil schmäler als
zwischen den Schultern, mit mässig hervorragender, hinten wenig zugespitzter Nahtleiste und an ihrem Ende nur
mässig abgerundet. Die Hinterbuckeln ragen stark hervor. Die Flügeldecken sind neben dem Rande des Thorax
sehr glänzend, aber nicht so glatt als letzterer, und mit
einzelnen, sehr zerstreut stehenden Punkten besetzt. Die
Punktur wird nach unten dichter und geht auf gleicher
Höhe mit dem Ende des hinteren Lappens des Vorderrückens in sehr feine und wenig tiefe transversale Nadelrisse über, die den ganzen übrigen Theil der Flügeldecken, von ihrem äusseren Rande bis zur Naht und
nach unten bis zu ihrer Spitze, bedecken, wodurch ihr
Glanz etwas vermindert wird. Das Pygidium ragt conisch
nach hinten hervor und ist gleichfalls mit feinen, dicht-
stehenden Nadelrissen bedeckt. So auch die Seiten der
Brust, Schenkel und Vorderschienen; während die mittleren und Hinterschienen weitläuftig punktirt sind, und
einzelne zerstreute Punkte sich auch auf den sonst glatten Bauchringen zeigen. Alle diese Theile, so wie auch
die Tarsalglieder, sind goldgrün glänzend. Die Beine sind
bei beiden Geschlechtern lang und schlank; alle Schienen des Männchens ungezähnt, die vorderen des Weibchens zweigezähnt. Die Hinterschienen des Männchens,
so wie die mittleren und hinteren des Weibchens, haben
am innern Rande einen kurzen, bräunlichen Haarsaum.

Die Längsvertiefung in der Mitte der Bauchringe des Männchens ist stark entwickelt; auch sind die Kolben der grünbraunen Fühlhörner bei ihm länger als bei dem Weibchen. Der stark entwickelte, 'bis über die Hüften der Vorderbeine vorstechende Mesosternalfortsatz ist zuerst abgeplattet und schief nach unten gerichtet, während sein vorderer, stumpf endigender Theil mehr wagerecht liegt und an den Seiten wie abgeschliffen erscheint.

Ich verdanke ein Männchen und zwei Weibchen dieser auffallend schönen, der *L. Papua* nahestehenden, von ihr aber in der Gestalt wie der Farbe abweichende Art, die zu Dorey, auf der Nordküste von Neu-Guinea, gefangen wurden, den Herren Geisler und Otto, Missionairs daselbst.

20. *Lomaptera bifasciata* Quoy et Gaimard.

Cetonia bifasciata Quoy et Gaimard, Voyage autour du Monde de l'Uranie. Zool. p. 548. t. 82. fig. 5. — *Cet. Dumerili* Lesson, Centurie de Zoologie p. 54. t. 13. — *Lomaptera bivittata* Gory et Perch. Mon. d. Cét. p. 308. pl. 60. fig. 3. — *Lomapt. fasciata* Burm. Handb. d. Ent. Bd. III. S. 313. — *Lomapt. fasciata* Wallace, Trans. ent. Soc. 3, Ser. IV. 1868. p. 540.

Habitat in insulis Nova-Guinea et Waigiou.

21. *Lomaptera Ulricae* Mohnike. Taf. VI. Fig. 1. ♀.

L. laete viridis, nitidissima; elytrorum parte postica margineque externo cyaneo-nigris opalizantibus.

        Longitudo . . . . . . Mm. 36
        Latitudo inter humeros . „ 15.
Habitat in insula Gilolo (Coll Mohn. ♀).

Diese Art hat in der Gestalt die meiste Uebereinstimmung mit *L. Wallacei*. Der Clypeus zeigt bei ihr nur wenig hervortretende, nach unten sich noch mehr abflachende Seitenränder und ist dicht und fein punktirt; sein vorderer Ausschnitt wie bei *L. Wallacei*. Die Spitzen der Lappen sind etwas stumpfer. Der Thorax ist in der Nähe der Seitenränder nadelrissig, mehr nach innen ziemlich grob aber weitläuftig punktirt, während noch mehr zerstreut

stehende, viel feinere, mit dem blossen Auge kaum noch
zu erkennende Punkte sich allenthalben auf seinem Discus
befinden. Der hintere Lappen ist etwas schmäler wie
bei *L. Wallacei* und an seinem Ende ein wenig eingebuchtet, wie bei *L. Latreillii.* Von dieser Einbuchtung
erstreckt sich die leichte Andeutung einer mittleren Längslinie über den Thorax bis in seine vordere Randgegend.
Das Schildchen ist etwas grösser wie bei *L. Wallacei,*
und unten zugespitzt. Die Flügeldecken sind an ihrer
Spitze fast um den dritten Theil schmäler als zwischen
den Schultern und etwas mehr gewölbt wie bei *L. Wal-
acei* und *L. Latreillii.* Ihr unteres Ende ist abgerundet;
ihre Nahtleiste ragt wenig hervor und ist kaum merklich
zugespitzt. Die Hinterbuckeln treten stark hervor. Letztere so wie der untere Theil der Seitenränder sind nadelrissig. Ausserdem zeigen sich, unter der Loupe, allenthalben auf den Flügeldecken weitläuftig stehende feine
Punkte. Die Sculptur ist aber, besonders an ihrer unteren Hälfte, viel schwächer als bei *L. Wallacei.* Die Seiten des quer nadelrissigen Pygidiums stossen an seinem
oberen Theile in der Mitte in einen ziemlich scharfen
Winkel zusammen; die Unterseite ist etwas ausgehöhlt.
Bauch und Brust sind glatt, glänzend und selbst an ihren
Seitentheilen nur sehr wenig punktirt und nadelrissig.
Dichter und ausgebreiteter zeigen sich diese Punkte und
Risse an den Schenkeln und Schienen. Letztere sind an
den Vorderbeinen dreigezähnt; an den mittleren und hinteren, welche an ihrem innèren Rande mit einem bräunlichen Haarsaume versehen sind, unbewaffnet. Der starke,
flache, bis zu den Vorderhüften reichende Mesosternalfortsatz ist nur an seiner Spitze ein wenig nach oben gebogen. Die Farbe ist oben wie unten ein schönes, lebhaftes, stark glänzendes Grün ohne allen metallischen
Schimmer. Dieses Grün ist heller wie bei *L. Latreillii*
und ungefähr von gleichem Farbentone wie bei *L. Wallacei*, hat aber nicht den eigenthümlichen, lackartigen
Glanz der letztern. Die Fühler sind schwärzlich braun,
die Tarsalglieder dunkel blaugrün. Unterhalb des Seitenausschnittes färbt sich der äussere Rand der Flügel-

decken schwärzlich violett. Diese dunklere Färbung breitet sich mehr und mehr aus, bis sie beinahe das ganze untere Dritttheil derselben einnimmt, sich aber nur an ihrer Spitze bis zur Naht hin erstreckt. Diese dunkelgefärbte Stelle zeigt ein eigenthümliches Farbenspiel und erscheint heller oder dunkler je nachdem das Licht auffällt.

22. *Lomaptera anomala* Mohnike. (Taf. VI. Fig. 2. ♀).

L. corpore valde convexo; supra et subtus laete viridis nitida; elytris subspinosis, obsolete striato punctatis.

Longitudo . . . . Mm. 31.
Latitudo inter humeros . . „ 14.
Habitat in insula Gilolo (Coll. Mohn. ♀).

Eine sehr eigenthümliche, von allen anderen durch die auffallende Convexität ihres Körpers durchaus abweichende Art. Sie ist nämlich sowohl der Länge wie der Breite nach stark gewölbt, und nehmen an dieser Wölbung der Thorax und die Flügeldecken gleichen Antheil; so dass der Höhenpunkt ihres Körpers etwas hinter dem Ende von dem Lappen des Vorderrückens liegt. Diese Wölbung erscheint um so anomaler, als die besondere Abflachung des Thorax an seinem hinteren Theile, so wie der Flügeldecken gerade zu den charakteristischen Merkmalen der Gattung *Lomaptera* gehört. Der nicht gerandete Clypeus ist dicht, der Thorax an den Randtheilen weitläuftiger und gröber, in der Mitte kaum noch punktirt. Die Flügeldecken sind an ihrem Ende beträchtlich abgerundet, haben aber nur eine ganz unbedeutende Nahtspitze und sind an dem unteren Theile des äusseren Randes und auf den Hinterbuckeln nadelrissig. Ausserdem sind sie in ihrer ganzen Ausbreitung mit feinen Punkten bedeckt, deren Ordnung in Reihen sich schon dem blossen Auge kennbar macht. Die Unterseite ist glatt und glänzend, selbst an ihren Seitentheilen nur sparsam punktirt oder nadelrissig. Allein auf dem letzten Bauchsegmente ist die Punktur stärker. Die Vorderschienen sind dreigezähnt und, wie die der andern Paare und die Schenkel, zerstreut punktirt und nadelrissig. Die mittleren und

hinteren haben an ihrem inneren Rande einen braunen
Haarsaum. Der Mesosternalfortsatz ist wie bei *L. Latreillii*
und *L. Wallacei* gestaltet. Die Farbe ist oben wie unten
ein ziemlich helles, glänzendes Blattgrün, ohne allen Me-
tallglanz. Nur die Fühlhörner sind mehr bräunlich, und
die Tarsalglieder dunkelgrün metallich glänzend.

Ich verdanke diese wie die vorige Art dem früheren Residenten von Ternate, Herrn P. v. d. C r a b.

Sectio IV. Macronotidae.

Genus I. *Clerota* Burmeister.

Burm. Handb. d. Ent. Bd. III. S. 317.

1. *Clerota Budda* Gory et Percheron.

Macronota Budda Gory et Perch. Mon. d. Cét. p. 310.
pl. 61. fig. 1. — *Clerota Budda* Burm. l. c. p. 317. — *Cler.
Budda Wallace*, Trans. ent Soc. 3. Ser. IV. 1868. p. 545.
Habitat in insula Java (Coll. Mohn. ♂ ♀).

Ich bezweifle sehr, dass *Cl.* (Macronota) *vittigera*
Hope, Proceed. ent. Soc. 1841. p. 34; Trans. ent. Soc. III.
1843. p. 282; — abgebildet und beschrieben bei Westwood, Arc. entom. Vol. I. p. 104. pl. 28. fig. 6 —, von
Mysore, allein eine blosse Varietät dieser Art ist.

Unter einer Reihe von Exemplaren, welche ich von
diesem auf Java nur selten vorkommenden Käfer vor
mir habe, befindet sich ein durchaus schwarzes, ohne die
geringste Spur gelber Flecken irgend wo. Ein anderes
zeigt allein die beiden untern Flecken der Flügeldecken.
Bei den am meisten gefärbten befinden sich auf dem
Thorax, neben seinem Rande eine gelbe Längslinie, so
wie eine eben solche kurze in seiner Mitte und unter
ihr häufig noch ein gelber Fleck. Ausserdem vier grössere Flecken auf den Flügeldecken, zwei auf dem Pygidium, während Schulter, Parapleura, Hinterhüfte und Ende
der vier ersten Bauchringe gleichfalls gelb gefleckt sind.

Diese Flecken sind in der Abbildung bei G o r y und
P e r c h e r o n viel zu dunkel.

Genus II. *Plectrone* Wallace.

Wallace, Trans. ent. 3. Ser. IV. 1868. p. 545.

1. *Plectrone tristis* Wallace l. c. p. 545. pl. XIII. fig. 1.

Macronota tristis Westwood, Arc. ent. Vol. I. p. 104.
pl. 28. fig. 5. ♀.

Habitat in insulis Java (Coll. Mohn. ♂ ♀) et Pinang
(Wallace).

Ich habe einmal eine nicht unbeträchtliche Anzahl
von Stücken dieser Art zwischen weissen Ameisen auf
einem von letzteren durchgrabenen und bevölkerten, ab-
gestorbenen Baumstumpfe angetroffen. Sie laufen ausserordentlich schnell, fast wie Cicindelen, und trachten mehr
sich dadurch als durch Wegfliegen der Verfolgung zu ent-
ziehen. Ich habe von dieser Art am häufigsten dunkel-
blauschwarze, aber auch purpurschwarze, ein metallisch
grünes, wie W a l l a c e abbildet, und solche gefunden,
bei denen die Hauptfarbe blauschwarz und nur das Schildchen und dessen nächster Umkreis grün metallisch sind.
Plectr. nigrocoerulea Waterhouse, — *Plectr. Barrotiana*
Burmeister — auf den Philippinen, ist eine von *Pl. tristis* verschiedene Art, wie W a l l a c e sehr richtig dar-
gethan hat.

Genus III. *Chalcothea* Burmeister.

Burm. Handb. d. Ent. Bd. III. S. 319.

1. *Chalcothea smaragdina* Gory et Percheron.

Macronota smaragdina Gory et Perch. Mon. d. Cét.
p. 311. pl. 61. fig. 1. — *Chalcothea smaragdula* Burm.
Handb. d. Ent. III. S. 319. — *Chalcoth. smaragdina* Wallace, Trans. ent. Soc. 3. Ser. IV. 1868. p. 547.

Habitat in insulis Sumatra (Coll. Mohn. ♂); Borneo,
Pinang (Coll. Wallace).

2. *Chalcothea resplendens* Gory et Percheron.

Macronota resplendens Gory et Perch. Mon. d. Cet. p. 311. pl. 61. fig. 3. — *Chalcoth. resplendens* Burm. l. c. p. 320. — *Chalcoth. resplendens* Wallace l. c. p. 547.

Habitat in insula **Java** (Coll. Mohn. ♂).

Ich besitze **von dieser** Art eine prachtvolle oben und unten ultramarinblaue, sehr glänzende Varietät mit broncefarbigen Beinen.

3. *Chalcothea affinis* **Van Vollenhoven.**

Chalcothea affinis **Van** Vollenh. Tydschr. Ent. I. 1858. p. 23. t. 2. fig. 2. — *Chalcoth. resplendens* Wallace l. c. p. 547.

Habitat in insula **Borneo** (Mus. Lugdunense; Coll. Wallace).

Genus IV. *Macronota* Hoffmannsegg.

Wiedemann Zoologisches Magazin, Bd. I. 1. S. 15.

1. **Macronota *Diardi* Gory et Percheron.**

Macronota Diardi Gory et Perch. Mon. d. Cét. p. 315. pl. 61. fig. 5. — *Macron. Diardi* Burm. Handb. d. Entom. Bd. III. S. 320. — *Macron. Diardi* Wallace, Trans. ent. Soc. 3. Ser. IV. 1868. p. 549.

Habitat in insula Sumatra (Coll. Mohn. ♂ ♀); in Borneo, Malaca, insulaque Pinang (Coll. **Wallace**).

2. *Macronota trisulcata* Gory et Percheron.

Macronota trisulcata Gory et Perch. l. c. p. 312. pl. 61. fig. 4. — *Macron. trisulcata* Burm. l. c. p. 321. — *Macron. trisulcata* Wallace l. c. p. 548.

Habitat in insula Java.

3. *Macronota aciculata* Van Vollenhoven.

Macronota aciculata Van Vollenh. Nederl. Tydschr. v. Entom. Bd. VII. p. 153. — *Macron. aciculata* Wallace l. c. p. 548.

Habitat in insula Java.

4. *Macronota Ludekingi* Van Vollenhoven.

Macronota Ludikingi Van Vollenh. l. c. p. 153. —
Macron. Ludekingi Wallace l. c. p. 548.

Habitat in insula Sumatra.

5. *Macronota Celebensis* Wallace.

Macronota Celebensis Wallace l. c. p. 548. pl. XI.
fig. 5.

Habitat in insula Celebes (Tondano).

6. *Macronota castanea* Wallace.

Macronota castanea Wallace l. c. p. 549. pl. XI. fig. 6.

Habitat in insula Celebes (Macassar).

Diese beiden letzten Arten habe ich bei Herrn Wallace zu Amboina; *M. Celebensis* auch in dem Museum
zu Leiden untersucht.

7. *Macronota luctuosa* Van Vollenhoven.

Macronota luctuosa Van Vollenh. Tydschr. v. Ent. I.
1858. p. 25. t. 2. fig. 4. — *Macron. luctuosa* Wallace l. c.
p. 550.

Habitat in insulis Amboina et Ceram (Coll. Mohn. ♂♀).

8. *Macronota nigerrima* Wallace.

Macronota nigerrima Wallace l. c. p. 550.

Habitat in insula Celebes (Menado).

Diese Art habe ich nie gesehen.

9. *Macronota patricia* Gory et Percheron.

Macronota patricia Gory et Perch. l. c. p. 320. pl. 63.
fig. 4. — *Macron. patricia* Burm. l. c. p. 322. — *Macron.
patricia* Wallace l. c. p. 551.

Habitat in insula Java.

10. *Macronota clathrata* Gory et Percheron.

Macronota clathrata Gory et Perch. l. c. p. 326.
pl. 64. fig. 5. — *Macron. clathrata* Burm. l. c. p. 323. —
Macron. clathrata Wallace l. c. p. 551.

Habitat in insula Java.

Ich habe weder *M. patricia* noch *M. clathrata* jemals auf Java gesehen.

11. *Macronota regia* Fabricius.

Cetonia regia Fabr. Systh. Eleuth. t. II. p. 159. — *Cet. zebra* Billberg in Schönh. Synon. ins. Bd I, 3. App. p. 54. — *Macronota zebra* Schaum. Ann. Soc. entom. de Fr. 1844. p. 369. — *Macron. regia* Gory et Perch. l. c. p. 316. pl. 62. fig. 3. — *Macron. regia* Burm. l. c. p. 224. — *Macron. regia* Wallace l. c. p. 552. — *Macron. fraterna* Westwood, Trans. ent. Soc. 2. Ser. III. p. 71. pl. VII. fig. 5. — *Macron. venerea* Thomson, Arch. Entom. Vol. I. p. 284. — *Macron. venerea* Lacordaire, Genera des Coléopt. Atl. t. 39. fig. 1. — *Macron. Apelles* Thomson, Mus. scient. Vol. I. p. 36. — *Macron. depressa* Gory et Perch. l. c. p. 315. pl. 62. fig. 2. — *Macron. Forsteni* v. Vollenh. Tydschr. v. Ent. 1858. I. p. 24.

Habitat in insulis Bourou, Batjian, Celebes, Ternate, Gilolo, Java (Coll. Mohn. ♂ ♀); Batjian, Gilolo, Ternate, Kaioa, Morotai, Celebes, Nova-Guinea, Salwatti, Arou, Mysole, Borneo, Sumatra, Pinang (Coll. Wallace).

Alle Exemplare, welche ich von dieser weitverbreiteten, nicht allein auf den genannten Inseln, sondern auch noch auf dem Indischen Festlande und den Philippinen vorkommenden Art, im östlichen Java erhalten habe, gehören der von Billberg als *Cet. zebra* beschriebenen Varietät mit schwarzem Vorderrücken und hell castanienbraunen Flügeldecken an.

12. *Macronota variegata* Wallace.

Macranota variegata Wallace l. c. p. 552. pl. XII. fig. 7.

Habitat in insula Pinang.

Diese Art ist nichts als *M. cineracea* Gory et Perch., ungeachtet Wallace das Gegentheil behauptet. Unter den vielen Stücken von letzterer Art in der Leidener Sammlung und meiner eigenen, befinden sich einzelne, die mit seiner Beschreibung und Abbildung durchaus übereinstimmen.

13. *Macronota cervina* Wallace.

Macronota cervina Wallace l. c. p. 553. pl. XI. fig. 7.
Habitat in Malacca.

14. *Macronota corticalis* Wallace.

Macronota corticalis Wallace l. c. p. 554.
Habitat in Pinang.

15. *Macronota thoracica* Wallace.

Macronota thoracica Wallace l. c. p. 554. pl. XII.
fig. 3.
Habitat in insula Celebes (Tondano).

16. *Macronota Mouhotii* Wallace.

Macronota Mouhotii Wallace l. c. p. 555. in nota,
pl. XII. fig. 4.
Habitat in insula Sumatra (Coll. Mohn. ♂).
Das Männchen dieser Art in meiner Sammlung
habe ich auf der, in der Mündung des Flusses Siak im
nordöstlichen Theil von Sumatra, Malacca gegenüber, liegenden kleinen Insel Bangkalis gefangen. Wallace
nennt als Vaterland seiner Exemplare Siam und Cam-
bodja. In dem Museum zu Leiden ist ein Exemplar dieser Art aus Laos als *Macron. ochromaculata* Deyrolle angegeben.

17. *Macronota suturalis* Van Vollenhoven.

Macronota suturalis v. Vollenh. Tydschr. v. Ent. I.
1858. p. 25. t. 12. fig. 3. — *Macron. suturalis* Wallace l. c.
p. 556.
Habitat in insulis Borneo, Sumatra, Pinang.

18. *Macronota cineracea* Gory et Percheron.

Macronota cineracea Gory et Perch. Mon. d. Cét.
p. 324. pl. 64. fig. 3. — *Macron. quartata* Gory et Perch.
l. c. p. 324. pl. 64. fig. 4. — *Taeniodera cinerea* Burm.
Handb. d. Ent. III. S. 328. — *Macron. grisea* Sturm, Cat.
1826. p. 167. — *Macron. cineracea* Wallace l. c. p. 556.
Habitat in insula Java (Coll. Mohn. ♂ ♀).

Dass auch *Macron. variegata* Wallace zu dieser Art gehört, wurde schon oben bemerkt.

19. *Macronota carbonaria* Wallace.

Macronota carbonaria Wallace l. c. p. 556.
Habitat in insula **Java.**

Wallace hält es für möglich, dass diese Art die *Macron. anthracina* G. et P. sein könne, giebt auch zu, dass sie sich von der schwarzen Varietät von *Macron. egregia* nur durch den merkwürdig scharfen Sternaltuberkel unterscheide. Vielleicht ist es dessen ungeachtet keine besondere Art. Ich selbst kenne sie nicht.

20. *Macronota Monacha* Gory et Percheron.

Macronota Monacha Gory et Perch. l. c. p. 323. pl. 64. fig. 1. — *Taeniodera Monacha* Burm. Handb. d. Ent. III. S. 326. — *Macron. Monacha* Wallace l. c. p. 557.
Habitat in Sumatra, Malacca (Coll. Mohn. ♂ ♀), Borneo, Sincapur, Pinang (Coll. **Wallace**).

21. *Macronota elongata* Gory et Percheron.

Macronota elongata Gory et Perch. l. c. p. 327. pl. 64. fig. 4. — *Macron. elongata* Burm. l. c. p. 324. — *Macron. elongata* Wallace l. c. p. 557.
Habitat in insulis **Borneo,** Sincapur, Pinang.

22. *Macronota marmorata* Wallace.

Macronota marmorata Wallace l. c. p. 557. pl. XII. fig. 5.
Habitat in insulis **Sumatra** (Coll. Mohn. ♂); Borneo (Coll. Wallace).

23. *Macronota Annae* Wallace.

Macronota Annae Wallace l. c. p. 558. pl. XII. fig. 6.
Habitat in insula **Pinang.**

24. *Macronota picta* Guérin.

Macronota picta Guérin, Revue Zool. d. l. soc. Cuv. 1840. p. 81. — *Macron. picta* Burm. l. c. p. 324. — *Ma-*

cron. picta Schaum, Ann. Soc. entom. de Fr. 1844. p. 369.
— *Macron. aurantiaca* v. Vollenh. Tydschr. v. Entom. I.
1858. p. 26. t. 2. fig. 5. — *Macron. picta* Wallace l. c.
p. 558.

Habitat in insulis Sumatra, Pinang, Borneo et in
Malacca.

25. *Macronota egregia* Gory et Percheron.

Macronota egregia Guérin, Iconogr. du Règne anim.
Text. p. 107. pl. 26. fig. 10. — *Macron. egregia* Gory et
Perch. l. c. p. 319. pl. 63. fig. 1. — *Macron. biplagiata* Gory
et Perch. l. c. p. 319. pl. 63. fig. 2. — *Macron. anthracina*
Gory et Perch. l. c. p. 324. pl. 64. fig. 2. — *Taeniodera egre-
gia* Burm. l. c. p. 327. — *Macron. haematica* Perty, Ob-
serv. Coleopt. Indic. p. 35. t. 1. fig. 1. — *Macron. egregia*
Wallace l. c. p. 559.

Habitat in insula Java (Coll. Mohn. ♂ ♀).

Die vier „lineolae transversae albae" auf den Flügeldecken, deren Burmeister in seiner Diagnose dieser Art
erwähnt, sind keineswegs, wie er angiebt, constant, sondern
gehören zu den seltneren Fällen. In dem Museum zu
Leiden fiel mir ein Exemplar der schwarzen Varietät —
M. anthracina — auf, das auf jeder Flügeldecke, dicht
neben dem Rande des Schildchens und parallel mit letzterem, eine weisse Linie, ausserdem aber noch eine zweite
kurze, aus aneinander gereihten weissen Pünktchen bestehende, transversale in der Mitte der Flügeldecken neben der Naht zeigte.

Zweifelnd ob dieses Exemplar nicht vielleicht einer
besonderen Art angehören könne, ersuchte ich Herrn
Snellen van Vollenhoven dasselbe noch einmal zu
untersuchen. Herr van Vollenhoven aber schreibt
mir: „Ich habe das betreffende Stück von *Macronota
egregia* noch einmal genau von allen Seiten untersucht,
finde aber keinen einzigen Grund, um dasselbe von der
Art abzusondern, obschon ich zugeben muss, dass es das
einzige ist, welches solche weisse Streifchen zeigt."

4

26. *Macronota Malabariensis* Gory et Percheron.

Macronota Malabariensis Gory et Perch. l. c. p. 320. pl. 63. fig. 2. — *Taeniodera Malabariensis* Burm. l. c. Bd. III. S. 327. — *Macron. Malabariensis* Wallace l. c. p. 559.

Habitat in insula Sumatra (Coll. Mohn. ♀); in Mallaca et insula Pinang (Coll. Wallace).

27. *Macronota Rafflesiana* Westwood.

Macronota Rafflesiana Westwood, Arc. Entom. Vol. I. p. 104. pl. 28. fig. 4. — *Taeniodera histrio* Burm. l. c. p. 326. — *Macron. Rafflesiana* Wallace l. c. p. 559.

Habitat in insulis Pinang, Sumatra, Celebes.

28. *Macronota antiqua* Gory et Percheron.

Macronota antiqua Gory et Perch. l. c. p. 317. pl. 62. fig. 4. — *Taeniodera antiqua* Burm. l. c. p. 328. — *Macron. antiqua* Wallace l. c. p. 556.

Habitat in insula Java.

29. *Macronota quadrilineata* Gory et Percheron.

Macronota quadrilineata Gory et Perch. l. c. p. 321. pl. 63. fig. 5. — *Macron. scenica* Gory et Perch. l. c. p. 322. pl. 63. fig. 6. — *Taeniodera quadrilineata* Burm. l. c. p. 329. *Macron. quadrilineata* Wallace l. c. p. 560.

Habitat in insula Java (Coll. Mohn. ♂♀).

30. *Macronota antennata* Wallace.

Macronota antennata Wallace l. c. p. 560.
Habitat in insula Pinang.

Sectio V. Schizorrhinidae.

Genus I. *Hemipharis* Burmeister.
Burm. Handb. d. Ent. Bd. III. S. 531.

1. *Hemipharis Whitei* Thomson.
Schizorrhina Whitei Thoms. Mus. scient. I. 1860. p. 36. — *Schizorrh. Emiliae* Thoms. Arch. Entom. I. p. 429.

pl. 16. fig. 5. — *Schizorrh. Arouana* Wallace, Trans. ent. Soc. 3. Ser. IV. 1868. p. 562. — *Schizorrh. Bourouensis* Wallace l. c. p. 562..

Habitat in insulis Gilolo, Ternate, Bourou (Coll. Mohn. ♂♀); Ke, Matabello, Arou, (Coll. Wallace).

Die genannten von Thomson und Wallace auf-gestellten und durch mich als *Hemipharis Whitei* zusammen-gefassten Arten sind jedenfalls keine specifisch von ein-ander verschiedene, sondern allein nur topische Varietäten von einer einzigen, über verschiedene Inselgruppen weit verbreiteten Art. Ich würde den Namen *Emilia*, unter welchem zuerst White (Proceed. Zool. Soc. 1856. p. 16. pl. 54. fig. 9) seine *Schizorrhina* von den Neuen Hebriden bekannt machte, nach ihm aber Thomson die Varietät der *Whitei* von den Arou-Inseln zuerst abbildete und be-schrieb, — beibehalten haben, wären die *Sch. Emilia* White und die *Sch. Emiliae* Thomson in der That identi-sche Arten. Letzteres ist aber nicht der Fall, und Thom-son selbst hat seine erwähnte Art später *Sch. Whitei* genannt.

Die nördlichst gelegene Insel, wo diese Art sich findet, ist aber keineswegs Bourou, da mir ein Exemplar von Gilolo und zwei von Ternate vorliegen. Das erstere von ihnen stimmt hinsichtlich der Farbe mit der *Arouana* Wallace durchaus überein; denn es ist purpurn kupfer-farben und stark gefleckt, hat aber auf jeder Flügeldecke acht mehr oder minder deutlich zu erkennende Punktrei-hen, und ist so gross wie die grössten Stücke der *Bou-rouensis*, wovon ich zu Kajelie auf Bourou eine grosse Anzahl erhalten habe. Die Stücke von Ternate gleichen der letzteren in der Färbung, und sind mehr grünlich braun. Bei dem einen ist die Punktur der Flügeldecken fast ebenso stark als bei dem von Gilolo; dasselbe hat aber nur zwei gelbe Flecken auf dem Thorax neben dessen vordern Rande, ist auch auf den Flügeldecken nur sehr spärlich und auf dem Pygidium gar nicht gefleckt. Das andere Stück ist auf den ersteren nur sehr wenig punk-tirt, daselbst aber wie auf dem Thorax und dem Pygi-dium stark gefleckt. Von der *Bourouensis* habe ich u. A.

ein auffallend kleines Exemplar vor mir, das allein an dem Rande jeder Flügeldecke ganz kleine gelbe Flecken zeigt, aber stark punktirt ist. Seine Farbe ist sehr dunkel, in das Schwärzliche übergehend. Auch die Tibien und Tarsalglieder sind bei ihm schwarz. Wallace hat auf die etwas hellere oder dunklere Färbung, die stärkere oder schwächere Punktur der Flügeldecken, die Gestalt, Grösse und Anzahl der gelben Flecken auf letzteren, die vertiefte Linie neben dem Schildchen und der Naht, die braune oder schwarze Farbe der Tarsalglieder u. s. w., offenbar einen viel zu hohen Werth gelegt. Ich habe mich bei einer grossen Anzahl von Exemplaren davon überzeugt, dass die Kennzeichen, welche er als charakteristische Eigenthümlichkeiten der von ihm aufgestellten neuen Arten *Sch. Arouana* und *Sch. Bourouensis* hervorhebt, nicht als solche, sondern höchstens nur als unterscheidende Kennzeichen für gewisse topische Varietäten gelten können. Aber selbst diese Merkmale der Varietät erscheinen keineswegs als feste und unveränderliche. Sie kommen allein bei den Individuen von der einen Inselgruppe häufiger vor, wie bei denen von einer andern. Vollkommen übereinstimmend sind besonders, was die Flecken auf dem Vorderrücken und den Flügeldecken betrifft, selbst unter einer grösseren Anzahl, kaum jemals auch nur zwei Stücke. Hierauf hat schon Thomson in der Beschreibung seiner *Emiliae* gewiesen.

Zum Schlusse erwähne ich noch, dass der Geschlechtsunterschied bei dieser Art sich in den längeren und feineren Tarsalgliedern, besonders der hinteren; der etwas, wiewohl kaum merkbar abgeplatteten Bauchmitte und den weniger mit Punktreihen versehenen Flügeldecken der Männchen ausspricht.

Genus II. *Anacamptorrhina* Blanchard.

Hombron et Jacquinot, Voyage au pôl sud. Coléopt. p. 136.

1. *Anacamptorrhina ignipes* Blanchard.

Anacampt. ignipes Blanch. l. c. p. 136. pl. IX. fig. 9.

— *Anacampt. ignipes* Wallace, Trans. ent. Soc. 3. Ser. IV. 1868. p. 563.

Habitat in Nova-Guinea (Coll. Mohn. ♀).

2. *Anacamptorrhina fulgida* Wallace.

Anacampt. fulgida Wallace l. c. p. 563. pl. XIII. fig. 2. Habitat in Nova-Guinea.

Da *Anacamptorrhina* der Gattung *Hemipharis* nahe steht, so zeigen beide zu ihr gebörende Arten viele Aehnlichkeit mit *Hem. Whitii* und *Hem. insularis*. Sie unterscheiden sich von letzterer, hauptsächlich durch ihre, wie bei den Lomaptera-Arten, stark abgeflachten Flügeldecken. Letztere hat **Wallace** auch bei *Anacampt. fulgida* bei dem Männchen weniger punktirt und glatter wie bei den Weibchen gefunden.

Genus III. *Eupoecila* Burmeister.

Burm. Handb. d. Ent. Bd. III. S. 538.

1. *Eupoecila balteata* van Vollenhoven. Taf. VI. Fig. 3.

Schizorrhina balteata van Vollenh. in litteris.

„Eup. nigra nitida; elytris fascia interrupta luteo brunnea.“

„Longitudo Mm. 47.“

„Habitat in insula Waigeou (Museum Lugdunense ♀).“

„Form, Glanz und Habitus wie bei *Schizorrhina* (*Eupoecila*) *flammula*. Kopf lederartig gerunzelt; mit zwei erhabenen Leisten an den Rändern; Scheitel grob punktirt. Vorderrücken an den Seiten und dem vorderen Rande grob, in der Mitte fein punktirt; in der Nähe des Schildchens beinahe glatt. Schildchen allein mit einigen Pünktchen in den oberen Ecken. Flügeldecken in ihrer Mitte mit Punktreihen, am unteren Ende nadelrissig, mit einer vertieften, unterhalb des obern Dritttheiles der Naht beginnenden Linie an jeder Seite neben derselben. Eine schräge nach unten gerichtete, breite, ledergelbe Binde zieht sich quer über beide Flüdeldecken hin, berührt aber deren äussere Ränder nicht, und ist in ihrer Mitte durch die Naht und die erwähnte vertiefte Linie

neben letzterer unterbrochen. An der untern Fläche sind
die Seiten des Halsschildes so wie des Metathorax nadelrissig; der Mesothorax aber und das Abdomen weitläuftig mit grübchenartigen Punkten versehen. Der Metathorax hat an jeder Seite einen braunen Fleck. Pygidium und die vier vordern Schenkel sind nadelrissig;
Hinterschenkel aber und alle Schienen grob punktirt".

Beschreibung und Abbildung dieser prachtvollen,
durch ihre Grösse *Eupoec. flammula* nach übertreffenden
Art verdanke ich Herrn Dr. Snellen van Vollenhoven zu Leiden. Das sich in dem Museum daselbst
befindende Exemplar ist wahrscheinlich das einzige in
Europa. Aus meinen eigenen Notizen bemerke ich
noch, dass die Form des Clypeus, besonders der vordere
Randausschnitt desselben mit seinen abgestumpften Ecken
bei dieser Art, mir ungefähr die Mitte zu halten schien
zwischen der Bildung dieser Theile bei *Eup. flammula*
und der bei *Eup. nigerrima*.

2. *Eupoecila flammula* Blanchard.

Eupoec. flammula Blanchard in Homb. et Jac. Voy.
an pôl Sud. Coléopt. p. 132. pl. 9. fig. 4. — *Schizorrhina
Idae*White, Proceed. Zool. Soc. XXIV. 1856. p. 16. pl. 12.
fig. 7. ♀. — *Schizorrh. flammula* van Vollenhoven, Nederl.
Tydschr. voor Ent. Bd. VII. S. 155. t. 10. fig. 3. — *Schizorrh. flammula* Wallace, Trans. ent. Soc. 3. Ser. IV.
1868. p. 561.

Habitat in insulis Bourou, Amboina (Coll. Mohn. ♂♀)
et Ceram (Coll. Wallace).

Auf Amboina habe ich nur ein einziges Stück, auf
Bourou aber, wo diese Art am meisten zu Hause ist, eine
ganze Reihe davon erhalten. Darunter befindet sich ein
ganz schwarzes Exemplar und, im Gegensatze hierzu, ein
anderes, dessen Thorax mit Ausnahme seines schmalen
hinteren schwarzen Randes, so wie eines eben solchen
Fleckes an seinem Vorderrande; und dessen Flügeldecken von dem Seitenrande bis zur Naht, ihre Spitzen
ausgenommen, gänzlich roth sind. Alle andern Stücke

zeigen die Uebergänge dieser extremen Farbenvarietäten in einander.

3. *Eupoecila nigerrima* van Vollenhoven.

Eupoec. nigerrima van Vollenh. l. c. p. 156. — *Eupoec. nigerrima* Wallace l. c. p. 561.

Habitat in insula Ternate (Coll. Mohn. ♀); Morotai (Mus. Lugdunense); Batjan (Coll. Wallace).

Der sehr wenig tief ausgeschnittene vordere Rand des Clypeus mit abgerundeten Spitzen unterscheidet diese Art von der ganz schwarzen Varietät von *Eupoec. flammula.* Bei dem einzigen Exemplare, welches ich hiervon besitze, ist der obere Rand des Schildchens gelblich braun eingefasst.

Sectio VI. Cetonidae genuini.

Genus I. *Sternoplus* Wallace.

Wallace, Trans. ent. Soc. 3. Ser. IV. 1868. p. 589.

1. *Sternoplus Schaumii* Wallace l. c. p. 589.

Protaetia Schaumii White, Proceed. Zool. Soc. 1856. p. 17. pl. XXXXI. fig. 10. — *Cetonia Schaumii* Lacordaire, genera des Coléopt. Atl. t. 38. fig. 5. — *Schizorrhina sanguinolenta* van Vollenh. Nederl. Tydschr. voor Entom. Bd. VII. S. 155. t. 10. fig. 2.

Habitat in insula Celebes (Coll. Mohn. ♂ ♀.)

Genus II. *Glycyphana* Burmeister.

Burm. Handb. d. Ent. Bd. III. S. 346.

1. *Glycyphana palliata* n. sp. Mohnike. Taf. VI. Fig. 4.

Gl. atra, parum nitida; clypeo emarginato; scapulis, scutello pygidioque rubris; thorace rubro, medio atromaculato; elytris utrinque macula permagna alboflavescente paene obtectis.

Longitudo . . . . Mm. 28½

Latitudo inter humeros . . „ 11.

Habitat in insula Java (Coll Mohn. ♂ ♀).

Von allen mir bekannten Glycyphanen die grösste und schönste. Der Clypeus ist vorne beträchtlich ausgebuchtet, stark punktirt mit hervorragender, nach unten sich verbreitender, von dem Scheitel entspringender Längsschwiele. Alle Kopftheile mit den Fühlhörnern sind schwarz. Der Thorax zeigt die dieser Gattung eigenthümliche Form, ist vor dem Schildchen kaum ausgebuchtet, mit abgerundeten untern Ecken. Er ist roth, mässig glänzend und allenthalben grob, aber weitläuftig punktirt. In seiner Mitte befindet sich ein grosser, aus zwei entweder getrennten oder theilweise zusammenhängenden Hälften bestehender schwarzer Fleck. Schultern und Schildchen sind roth, mässig glänzend; die Flügeldecken schwarz, hinten nur wenig schmäler, an dem Nahtende stumpf zugespitzt, neben demselben etwas eingebuchtet und tief matt schwarz von Farbe. Allein neben der Naht, wo sie durch Abreibung meistens glänzender erscheinen, zeigen sich einzelne sehr weitläuftig stehende, aber in Längsreihen geordnete Punkte. Auf jeder Flügeldecke befindet sich ein sehr grosser, von dem Seitenrande bis fast zur Naht und von der Schulter bis beinahe an die Spitze reichender weisser filziger Fleck Derselbe erstreckt sich an seinem obern Theile nicht so dicht an die Naht wie am untern, und befindet sich in ihm, auf dem Endbuckel, ein schwarzer, unregelmässig gestalteter, nach oben zugespitzter Fleck. Das Pygidium ragt wenig hervor, ist roth und weitläuftig punktirt. Die Unterseite ist glänzender als die obere und mit Ausnahme der rothgefärbten Seitentheile des Thorax schwarz. Letzterer wie auch alle Schenkel und Schienen sind ziemlich dicht grubig punktirt. Auf den Bauchringen stehen diese Punkte weitläuftiger und sind kleiner. Bei dem einen der beiden mir vorliegenden Exemplare befindet sich an den vier letzten Segmenten eine doppelte Reihe weisser Endflecken, von denen die in der vorderen Reihe die grösseren. Bei dem anderen Exemplare sind die Bauch-

ringe durchaus ungefleckt. Alle erwähnten Grübchen und Punkte sind mit feinen, röthlichen Härchen besetzt. Auch die hintern Ränder aller Schenkel, so wie die inneren der mittleren und hinteren Tibien tragen einen röthlichen Haarsaum. Die Schienen der Vorderbeine sind dreigezähnt, die der übrigen haben nur einen stumpfen Zahn an ihrem unteren Dritttheile. Der Mesosternalfortsatz ist nicht verlängert, ragt aber mit seinem dicken und stumpfen Ende nach unten hervor.

Diese Art ist sehr selten. Ich habe während meines mehrjährigen Aufenthaltes auf Java allein zwei Weibchen und zwar im östlichen Theile dieser Insel, am Fusse des Ardjouno erhalten.

2. *Glycyphana puella*, n. sp. Mohn. Taf. VI. Fig. 5.

Gl. atra, opaca; clypeo emarginato; thorace prope angulos humerales rubro limbato; elytris subcostatis, obsolete striato-punctatis, spinosis, utrinque medio prope suturum macula alba transversali ornatis.

Longitudo . . . . Mm. 25
Latitudo maris inter humeros . „ 11
    „   feminae „   „   . „ 10.
Habitat in insula Bourou (Coll. Mohn. ♂ ♀).

Der Clypeus ist mässig tief ausgebuchtet mit abgerundeten Ecken, ebenso wie der Scheitel und die Stirn grob, aber nicht sehr dicht punktirt. Die Stirnschwiele ist flacher wie bei der vorigen Art. Die Fühlhörner sind schwarz. Der Thorax ist allenthalben punktirt, tief sammetartig schwarz, bei dem Weibchen mit einer von dem Schildchen bis zum Kopfe sich erstreckenden polirten Längslinie; an den Seitenrändern, neben der Schulter, mehr oder weniger blutroth gefärbt. Das Schildchen ist bei dem Männchen matt, bei dem Weibchen glänzend schwarz. Die Flügeldecken sind parallel, am Nahtende scharf zugespitzt, haben an ihrer unteren Hälfte, neben der Naht, eine erhabene Leiste und ausserdem zwei parallele, sich auf dem hinteren Buckel vereinigende Längsrippen. Der Raum zwischen und neben ihnen ist mit Punktreihen ausgefüllt. Dieselben, wie alle hervorragenden Theile, sind bei dem Weibchen, vielleicht in Folge von Abreibung, glänzend und viel sichtbarer wie bei den Männchen. In der Mitte jeder Flügeldecke befindet sich dicht neben der Naht ein kleiner, querer, weisser Fleck. Das wenig gewölbte und hervortretende Pygidium hat zwei rothe, runde Seitenflecke. Die Unterseite ist glänzend schwarz. Die Bauchringe haben nur in ihrer Mitte eine Reihe sehr weit von einander stehender Punkte. Dichter und flach grubig sind die Seiten der Brust, alle Schenkel und Schienen punktirt. Letztere tragen an den mittleren und hinteren Beinen einen sehr kurzen, mit blossem Auge kaum erkennbaren Haarsaum. Die vorderen sind spitzig dreigezähnt, die mittleren und hinteren haben einen stumpfen Zahn. Der Mesosternalfortsatz ragt nach vorne hervor und ist an seinem dicken stumpfen Ende abgerundet.

Obige Art unterscheidet sich schon auf den ersten Blick durch ihre beträchtliche Breite von allen anderen schwarzgefärbten Glycyphanen.

3. *Glycyphana inusta*, n. sp. Mohnike.

Gl. parvula, nigricans, subnitida; clypeo emarginato, medio elevato punctato; elytris obsolete striato punctatis, apice rotundatis, non spinosis, utrinque maculis duabus, fasciam transversam formantibus signatis.

Longitudo . . . . Mm. 16.
Latitudo inter humeros . . . „ 5.

Habitat in insula Borneo (Coll. Mohn. ♀).

Der Vorderrand des Clypeus wenig ausgebuchtet, die Ecken abgerundet; die Stirnschwiele wenig erhaben; alle diese Theile grauschwarz und dicht punktirt. Fühlhörner schwarz. Thorax grauschwarz, mässig glänzend, allenthalben punktirt, mit sehr feinem glänzenden Seitenrande. Schildchen gleichfalls grauschwarz, matt. Flügeldecken glänzender grauschwarz, mit erhabener Leiste neben der unteren Hälfte der Naht und einer zweiten erhabenen Linie, die sich neben derselben zu dem stark hervorragenden Endbuckel hinzieht. Die Flügeldecken ausserdem allenthalben mit Punkten bedeckt, deren An-

ordnung in Längsreihen sich mehr oder weniger deutlich erkennen lässt. Etwas unterhalb der Mitte befinden sich auf jeder von ihnen zwei weisse Längsflecken, ein grösserer an ihrem Aussenrande, ein kleinerer neben der Naht, wodurch eine unterbrochene Querbinde über beide Flügeldecken gebildet wird. Das Pygidium ist schwarz und punktirt. Die Unterseite ist glänzender, gräulichschwarz. Die Bauchringe sind dicht grob punktirt; die drei ersten von ihnen bis zur Mitte hin unten weiss gerandet. Auch die Hüften der Hinterbeine sind weiss. Alle Seitentheile der Brust, so wie die Schenkel und Schienen sind grob und grubig punktirt, alle Punkte und Grübchen an Brust und Bauch aber mit sehr kurzen, feinen, gelblichen Härchen besetzt. Ein Saum von diesen Härchen befindet sich an dem inneren Rande der mittleren und hinteren Schienen. Das erste Paar derselben ist stumpfdreigezähnt, das zweite und dritte zeigen nur einen Zahn an ihrem untersten Dritttheile. Der Mesosternalfortsatz ragt weder nach vorne noch nach unten hervor.

Ich habe von dieser seltenen Art nur ein einziges Weibchen zu Sambas an der Westküste von Borneo gefangen.

4. *Glycyphana picta*, n. sp. Mohnike Taf. V. Fig. 8.

Gl. atro-picea, opaca; thorace rubro, margine atro, supra scutellum dilatato, disco macula atra ornato; elytris sive atris, sive atris, parte inferiori atomis albis nonnullis adspersis.

Longitudo . . . . Mm. 17.
Latitudo inter humeros . . . „ 7½.
Habitat in insula Java (Coll. Mohn. ♂).

Der Clypeus ist fein umrandet, mässig tief ausgebuchtet mit abgerundeten Spitzen, allenthalben dicht punktirt. Die Scheitelschwiele setzt sich, in zwei Schenkel gespalten, bis in die Lappen der Clypeusausbuchtung fort. Der Thorax ist lebhaft blutroth, schwarz umrandet. Dieser Rand breitet sich oberhalb des Schildchens etwas nach oben aus. In der Mitte des Thorax, etwas mehr nach dem Kopfe zu, liegt ein breiter, oben concaver, unten convexer schwarzer Fleck. Die schwarzen Schultern sind vorne mit gelblichen Härchen besetzt. Das Schildchen ist sammtartig, schwarz. Die Flügeldecken verschmälern sich hinten nur wenig, haben eine hervorragende Nahtspitze, sind sammtartig, pechschwarz, ohne Rippen, zeigen sich aber unter der Loupe mit feinen Punktreihen bedeckt. Bei dem einen der mir vorliegenden Stücke zeigen sich auf dem hinteren Theile der Flügeldecken einige wenige äusserst feine, weisse Atome. Auf dem punktirten, mit röthlichen Härchen besetzten Pygidium befinden sich zwei dreieckige, gelblichrothe Seitenflecke. Die Unterseite ist schwarz und glänzend, aber allenthalben stark punktirt oder grubig und mit röthlichen Härchen besetzt. Ebenso auch die Schenkel und Schienen. Die Seiten der vordern Bauchsegmente sind unten mit weissem Filze eingefasst. Auch der umgeschlagene Theil des Thorax, die Parapleura und die Hüften der Hinterbeine zeigen mehr oder weniger diesen weissen Filzüberzug. Alle Schenkel, so wie die Schienen der mittleren und hinteren Beine haben einen röthlichen Haarsaum. Der Mesosternalfortsatz ragt weder nach unten, noch nach vorne hervor.

5. *Glycyphana rustica* Wallace.

Euryomia rustica Wallace, Trans. ent. Soc. 3. Ser. IV. 1868. p. 565. pl. XIII. fig. 7.

Habitat in insula Borneo.

6. *Glycyphana trivittata* Wallace.

Euryomia trivittata Wallace l. c. p. 565. pl. XIII. fig. 8.

Habitat in insula Bourou.

7. *Glycyphana cincta* Wallace.

Euryomia cincta Wallace l. c. p. 566. pl. XIII. fig. 3, 4.

Habitat in insula Pinang.

8. *Glycyphana regalis* Van Vollenhoven.

Euryomia regalis Van Vollenh. Neder. Tydschr. voor

Ent. Bd. VII. p. 157. — *Euryom. regalis* Wallace l. c. p. 567.

Habitat in insula Celebes (Tondano, Macassar).

9. *Glycyphana Forsteni* Van Vollenhoven.

Euryomia Forsteni Van Vollenh. l. c. p. 156. t. 10. fig. 4. — *Euryom. Forsteni* Wallace l. c. p. 567.

Habitat in insula Celebes (Tondano, Macassar).

Bei der Untersuchung der Originalexemplare in dem Museum zu Leiden habe ich mich von der Richtigkeit der von Wallace ausgesprochenen Vermuthung, dass *Gl. regalis* und *Gl. Forsteni* einer Art angehörten, überzeugen können. Der Unterschied zwischen beiden ist nur individuell und liegt allein in den goldgelben Flecken auf den Flügeldecken, die bei *Gl. Forsteni* grösser sind wie bei der andern.

10. *Glycyphana bella* Wallace.

Euryomia bella Wallace l. c. p. 567. pl. XIII. fig. 5. Habitat in insula Batjan.

11. *Glycyphana Celebensis* Wallace.

Euryomia Celebensis Wallace l. c. p. 568. pl. XIII. fig. 8.

Habitat in insula Celebes (Menado Coll. Mohn. ♂ ♀); (Tondano, Macassar Coll. Wallace).

12. *Glycyphana quadriguttata* Van Vollenhoven.

Euryomia quadriguttata Van Vollenh. l. c. p. 58. — *Euryom. quadriguttata* Wallace l. c. p. 568.

Habitat in insulis Ternate (Coll. Mohn. ♀), Ceram, Batjan, Gilolo, Morotai (Coll. Wallace).

Dass Herr van Vollenhoven auch Sumatra als Heimath dieser den Molukken angehörenden Art nennt, beruht, wie auch Wallace meint, wohl nur auf einem Irrthum.

13. *Glycyphana Papua* Wallace.

Euryomia Papua Wallace l. c. p. 569. Habitat in insulis Nova-Guinea et Mysole.

14. *Glycyphana Sumatrensis* Van Vollenhoven.

Euryomia Sumatrensis Van Vollenh. l. c. p. 156. t. 10.
fig. 5. — *Euryom. Sumatrensis* Wallace l. c. p. 567.
Habitat in insula Sumatra.

15. *Glycyphana Macquarti* Gory et Percheron.

Cetonia Macquarti Gory et Perch., Mon. d. Cét.
p. 251. pl. 47. fig. 7. — *Glycyphana Macquarti* Burm.
Handb. d. Ent. Bd. III. S. 347. — *Euryomia Macquarti*
Wallace l. c. p. 578.
Habitat in insula Java (Coll. Mohn. ♂♀.)

16. *Glycyphana Horsfieldi* Hope.

Cetonia Horsfieldi Hope in Gray, Zool. Misc. III.
p. 25. — *Cetonia marginicollis* Gory et Perch. l. c. p. 251.
pl. 47. fig. 6. — *Glycyphana Horsfieldi* Burm. l. c. p. 346.
— *Euryomia marginicollis* Wallace l. c. p. 566.
Habitat in insula Sumatra (Coll. Mohn. ♂); in Siam
(Coll. Wallace).

Bei dem von mir zu Siak, im nordöstlichsten Theile
von Sumatra gefangenen Exemplare, ist der gelbe dreieckige Randfleck der Flügeldecken seidenartig glänzend,
heller und nicht matt filzig, wie bei den andern schwarzen, gelbgefleckten Glycyphana-Arten. Auch bei ihm
ist, in Uebereinstimmung mit der Beschreibung von Gory
und Percheron, der obere Rand der Hinterhüften gelb
gefleckt.

17. *Glycyphana torquata* Fabricius.

Cetonia torquata Fabr. Syst. Eleuth. t. II. p. 157. —
Cetonia binotata Gory et Perch. l. c. p. 250. pl. 47. fig. 5.
— *Glycyphana binotata* Burm. Handb. d. Entom. Bd. III.
S. 347. — *Glycyphana torquata* Burm. Handb. d. Entom.
Bd. IV. Abth. I. S. 565. — *Euryomia binotata* Wallace l. c.
p. 566.
Habitat in insulis Java, Sumatra (Coll. Mohn. ♂♀);
Pinang, Borneo nec non in Malacca (Coll. Wallace).
Ich habe von dieser Art eine Reihe von Exempla-

ren aus dem südlichen Theile von Sumatra, und eine anderе aus dem östlichen Java. Von ersteren haben nur wenige, unterhalb der gelben Seitenflecke, ein zweites Paar Flecke dicht neben der Naht. Die Grösse und Gestalt der Randflecke ist veränderlich. Bei einem Stücke bestehen sie nur noch in zwei ganz feinen Punkten. Es ist also wahrscheinlich, dass von der *torquata* ausnahmsweise auch ganz schwarze, ungefleckte Exemplare vorkommen. Unter denen von Java haben viele diese unteren Nahtflecken. Sie sind aber immer kleiner wie die oberen, am Rande stehenden. Mit der *Gl. Horsfieldi* kann diese Art kaum verwechselt werden. Sie ist grösser, oben weniger flach wie letztere und zeigt eine andere Sculptur der Flügeldecken, worauf schon Burmeister (Handb. d. Ent. Bd. V. Suppl. S. 555) hingewiesen hat. Auch hat die *Horsfieldi* ein ganz rothes Pygidium, während bei der *torquata* dessen Mitte stets schwarz bleibt. Auch ist bei jener der Seitenfleck auf den Flügeldecken viel heller und seidenartig glänzend, während er bei dieser viel lebhafter gelb, aber stets matt filzig ist.

18. *Glycyphana albomaculata*, n. sp. Mohnike.
Taf. VI. Fig. 6.

Gl. capite atro; clypeo nitido, punctato, emarginato, angulis parum incrassatis; thorace aterrimo, opaco, subpunctato, rubro marginato; scupula, scutello, elytris atris, opacis; his subspinosis, utrinque guttis duabus flavis, una marginali altera inferiori suturali; pygidio, abdominis segmentis, coxis posterioribus, parapleuris, metasterno omioque nigris nitidis, maculis magnis niveis signatis.

Magnitudo . . . . . . Mm. 20.
Latitudo inter humeros . „ 9.
Habitat in insula Java (Coll. Mohn. ♂ ♀).

Scheitel und Stirn schwarz, matt, punktirt, ohne Medianleiste; Clypeus glänzender, in der Mitte etwas erhöht, mit aufgewulstetem, mässig ausgebuchtetem, stumpf eckigem Vorderrande. Fühlhörner schwarz. Thorax tief sammtartig schwarz, sehr fein und mit blossem Auge kaum sichtbar punktirt, mit einem hell purpurrothen Rande

umgeben, der sich, wie bei *Gl. torquata* vorne und vor
dem Schildchen etwas verschmälert. Letzteres so wie
die Schultern an ihrem obern hervorragenden Theile
sammetartig, schwarz. Ebenso die hinten nur wenig
schmäler werdenden, am Nahtende etwas zugespitzten,
aber neben demselben nicht ausgebuchteten Flügeldekken. Wegen des dichteren, sammetartigen Ueberzuges
sind die erhabenen Längsrippen, so wie die neben denselben verlaufenden Punktreihen allein mit einer star-
ken Loupe erkennbar. Auf jeder Flügeldecke befindet
sich etwas unterhalb ihrer Mitte, den Rand berührend,
ein länglicher Querfleck, und unterhalb desselben, dicht
neben der Naht, ein zweiter etwas kleinerer und mehr
runder. Beide sind von lebhafter, hochgelber Farbe,
und zeigen bei einer beträchtlichen Anzahl von Stücken,
die ich vor mir habe, eine auffallende Uebereinstimmung
in der Grösse und Gestalt. Auf dem schwarzen, fein-
punktirten Pygidium sind zwei grosse dreieckige schneeweisse Seitenflecke. Die Unterseite, so wie auch die
Beine sind glänzend schwarz, sehr zerstreut punktirt, alle
Punkte mit feinen gelblichen Härchen besetzt. Auf den
Seiten der Bauchringe, den Hinterhüften, den Parapleuren, dem Mesosternum und der Unterseite der Schultern
befinden sich eben solche grosse, schneeweisse Flecken,
so dass nur die Ränder dieser Theile schwarz bleiben.
Der Mesosternalfortsatz ist vorne erweitert und stumpf
abgeschnitten. Alle Schenkel so wie auch die mittleren
und hinteren Schienen haben einen gelblichen Haarsaum.
Die Tibien der Vorderbeine sind dreigezähnt, die mittleren und hinteren haben nur einen Zahn an ihrem unteren Dritttheil.

Diese in den Gebirgsgegenden des östlichen Java
nicht seltene, grosse und schöne Art hat in ihrer Gestalt
und der Sculptur der Flügeldecken die meiste Aehnlichkeit mit *Gl. Malayensis* Guer.. Von der Varietät
von *Gl. torquata*, mit zwei gelben Flecken auf jeder
Flügeldecke, unterscheidet sie sich durch ihre beträchtlichere Grösse, das tiefere Schwarz, und die kaum sicht-
bare Sculptur der Flügeldecken schon auf den ersten Blick.

19. *Glycyphana lateralis* Wallace.

Euryomia lateralis Wallace l. c. p. 569. pl. XIII. fig. 9.

Habitat in insula Ceram.

20. *Glycyphana Swainsoni* Gory et Perch.

Cetonia Swainsoni Gory et Perch. Mon. d. Cét. p. 249. pl. 47. fig. 4. — *Glycyphana Swainsoni* Burm. Handb. d. Ent. Bd. III. S. 348. — *Cetonia aterrima* Wiedemann, Zool. Arch. Bd. II. St. I. S. 86. — *Cetonia vulnerata* Schaum, Analect. entom. 46. — *Glycyphana aterrima* Schaum, Ann. d. l. Soc. ent. de Fr. 1844. p. 370. — *Euryomia Swainsoni* Wallace, Trans. ent. Soc. 3. Ser. IV. 1868. p. 575.

Habitat in insula Java.

21. *Glycyphana Raja* Wallace.

Euryomia Raja Wallace l. c. p. 564. pl. XIII. fig. 6.
Habitat in insula Pinang.

22. *Glycyphana felina* Gory et Percheron.

Cetonia felina Gory et Perch. l. c. p. 270. pl. 52. fig. 4. — *Glycyphana felina* Burm. l. c. Bd. III. Anh. S. 795. — *Euryomia felina* Wallace l. c. p. 564.
Habitat in insula Celebes (Coll. Mohn. ♂ ♀); ibidem (Coll. Wallace).

23. *Glycyphana perviridis* Wallace.

Euryomia perviridis Wallace l. c. p. 570.
Habitat in insulis Amboina, Ceram (Coll. Mohn. ♂ ♀), Matabello (Coll. Wallace).

24. *Glycyphana Moluccarum* Wallace.

Euryomia Moluccarum Wallace l. c. p. 571.
Habitat in insulis Batjan, Ternate, Tidor, Gilolo (Coll. Mohn. ♂ ♀); Batjang, Gilolo, Kaioa, Morotai, Celebes (Coll. Wallace).

25. *Glycyphana Malayensis* Guérin.

Cetonia Malayensis Guérin, Rev. zool. d. l. Soc. Cuv. 1840. p. 81. — *Euryomia Malayensis* Wallace l. c. p. 570.

Habitat in insulis Sumatra, Banca, Java (Coll. Mohn. ♂ ♀); Java, Pinang, Borneo (Coll. Wallace).

26. *Glycyphana tenera* Wallace.

Euryomia tenera Wallace l. c. p. 571.

Habitat in insulis Pinang et Java.

Diese Art dürfte wahrscheinlich nur eine kleinere Varietät von *Gl. Malayensis* sein.

27. *Glycyphana flavopunctata* n. sp. Mohnike.
Taf. VII. Fig. 1.

Gl. supra rufo- vel fusco-viridis opaca ; subtus nigra nitida; clypeo emarginato atro; thorace, scapulis, scutello elytrisque flavo-punctatis.

Longitudo . . . . Mm. 19.
Latitudo inter humeros . . „ 8½.

Habitat in insula Borneo (Coll. Mohn. ♂ ♀.)

Diese Art, von der ich einige Exemplare zu Sambas erhielt, hat einige Aehnlichkeit mit der *Gl. Moluccarum*, besonders in der Zeichnung des Vorderrückens und der Flügeldecken. Scheitel und Stirn grün, Clypeus schwarz, fein punktirt, vorne ausgebuchtet. Fühlhörner dunkelbraun. Auf dem Thorax sechs gelbe Punkte, wovon zwei in der Mitte, zwei in den vordern Winkeln, zwei am Seitenrande. Auf den Schultern ein gelber filziger Fleck; auf dem Schildchen, an dessen Spitze, ein gelber Punkt. Letzterer ist charakteristisch und fehlt bei keinem Exemplare. Die Flügeldecken sind verhältnissmässig kürzer, abgeflachter und hinten weniger verschmälert wie bei *Gl. Moluccarum.* Jede hat, wie diese, vier gelbe Randflecke, von denen der dritte der grösste; und einen gelben Punkt in der Nähe des nicht zugespitzten Nahtendes. Ausserdem befinden sich auf jeder von ihnen zwei obere Punkte zwischen der Schulter und dem Schildchen, und zwei untere, grössere, mehr in der Nähe der Naht. Neben der letzteren verläuft eine erhabene Längsschwiele, wäh-

rend eine rippenförmige Erhöhung sich von der Schulter zu dem Endbuckel hinzieht. Der Raum neben und zwischen diesen erhabenen Linien wird durch Reihen eingestochener Punkte ausgefüllt. Das Pygidium ist wie bei *Gl. Moluccana*, mit Ausnahme der Mitte, mit gelbem Filze bedeckt. Die Unterseite ist schwarz und glänzend, an dem Bauche zerstreut, an der Brust dichter und gröber punktirt. Die Enden der Bauchsegmente, die Hinterhüften, Parapleuren und das Metasternum haben gelbe Filzflecken. Die Beine sind schwarz, an den Schenkeln und Schienen zerstreut punktirt. Letztere sind an den mittleren und hinteren, die Schenkel an allen Beinen mit einem gelben Haarsaum eingefasst. Der Mesosternalfortsatz ist, wie bei *Gl. Moluccana*, an seinem Ende etwas erweitert und wie abgeschnitten; die Farbe auf der Oberseite ein in das Röthliche oder Bräunliche übergehendes Grün.

28. *Glycyphana Bowringii* Wallace.

Euryomia Bowringii Wallace l. c. p. 573. pl. XIV. fig. 7.

Habitat in insula Borneo.

29. *Glycophana aspera* Wallace.

Euryomia aspera Wallace l. c. p. 571.

Habitat in insula Pinang.

30. *Glycyphana incerta* Wallace.

Euryomia incerta Wallace l. c. p. 575. pl. XIV. fig. 1, 2.

Habitat in insulis Nova-Guinea, Waigiou, Mysole, Arou.

31. *Glycyphana sinuata* Wallace.

Euryomia sinuata Wallace l. c. p. 571.

Habitat in Malacca et in insula Borneo.

32. *Glycyphana labecula* Wallace.

Euryomia labecula Wallace l. c. p. 574.

Habitat in insula Celebes (Macassar).

33. *Glycyphana fulvopicta* Wallace.

Euryomia fulvopicta Wallace l. c. p. 576. pl. XIV. fig. 6.

Habitat in insulis **Amboina** (Coll. Mohn ♂.); ibidem et in Ceram (Coll. Wallace).

34. *Glycyphana cretata* Wallace.

Euryomia cretata Wallace l. c. p. 577. pl. XIV. fig. 4.

Habitat in insula Celebes (Coll. Mohn. ♂ ♀); ibidem (Coll. Wallace).

35. *Glycyphana aromatica* **Wallace.**

Euryomia **aromatica** Wallace l. c. p. 577. pl. XIV. fig. 3.

Habitat in insulis Ternate, Batjan (Coll. Mohn. ♂ ♀); **Morotai, Kaioa** (Coll. Wallace).

36. *Glycyphana* **Penanga** Wallace.

Euryomia Penanga Wallace l. c. p. 578.

37. *Glycyphana glauca* Blanchard.

Cetonia glauca Blanchard in Hombr. et Jacq. Voy. au pôl Sud. Coléopt. p. 131. pl. 9. fig. 5. — *Euryomia glauca* Wallace l. c. p. 574.

Habitat, in insulis **Amboina** (Coll. Mohn. ♂ ♀); Ceram et Mysole (Coll. Wallace).

38. *Glycyphana quadricolor* Wiedemann.

Cetonia quadricolor Wiedem. Zool. Arch. Bd. I. St. I. S. 88. — *Glycyphana quadricolor* Burm. l. c. Bd. III. S. 349. — *Euryomia quadricolor* Wallace l. c. p. 573.

Habitat in insulis Java et Pinang.

Ich kenne diese Art nur aus den als solche bezeichneten Exemplaren von Java, Borneo und Sumatra im Museum zu Leiden. Der Thorax ist bei ihnen mehr röthlich gefärbt, ohne aber die von W i e d e m a n n beschriebene „herzförmige ziegelrothe Zeichnung" auf ihm erkennen zu lassen; im Uebrigen gleichen sie so sehr

auf *Gl. modesta*, dass man sie für eine blosse Varietät derselben halten könnte.

39. *Glycyphana modesta* Fabricius.

Cetonia modesta Fabr. Syst. Entom. t. I. 2. p. 152. Eiusd. Syst. Eleuth. t. II. p. 158. — *Cet. modesta* Gory et Perch. Mon. d. Cét. p. 286. pl. 55. fig. 7. — *Cet. gastrargyrea* Perty, Observ. Coleopt. Indic. p. 34. — *Glycyphana modesta* Burm. l. c. p. 352. — *Euryomia modesta* Wallace l. c. p. 575.

Habitat in insulis **Java**, Borneo, Sumatra (Coll. Mohn. ♂♀); ibidem et in insula Pinang (Coll. Wallace).

40. *Glycyphana rufovittata* Guérin.

Cetonia rufovittata Guérin, Rev. zool. d. l. Soc. Cuv. 1840. p. 82. — *Cet. (Gametis) rufovittata* Burm. l. c. p. 793. — *Euryomia rufovittata* Wallace l. c. p. 573.

Habitat in Malacca et insulis Borneo et Pinang.

Ich habe ein Exemplar dieser Art von Malacca im Museum zu Leiden untersucht, und füge der übrigens genauen Beschreibung von Burmeister noch hinzu, dass nicht nur die ganze Analklappe, sondern auch die Seiten des Bauches und der Brust dicht mit gelblich grauem Filze bedeckt sind, so dass nur in der Mitte ein dunkelgrüner glänzender Streifen übrig bleibt.

41. *Glycyphana Goryi* Guérin.

Cetonia Goryi Guérin l. c. p. 81. — *Cetonia (Gametis) Goryi* Burm. l. c. p. 793.

Habitat in insula Pinang.

Eine mir durchaus unbekannte Art.

42. *Glycyphana pygmaea* n. sp. Mohnike.

Gl. supra lacte viridis velutina, subtus luteo tomentosa; pectoris abdominisque medio pallide brunneo; capite nigro; vertice opaco; clypeo emarginato, nitido, medio parum elevato; thorace immaculato margine antico et laterali luteo tomentoso; scapulis antice luteis; elytris utrinque puncto mediano, lunula transversa apicali, margine-

que inferiori lincolis duabus transversis punctoque luteo
tomentosis signatis; cruribus tibiisque pallide brunneis;
tarsis nigris; processu mesosternali antice plano, dilatato.

Longitudo Mm. 10—11.

Habitat in insulis Java, Sumatra, Banca (Coll.
Mohn. ♂♀).

Der Kopf schwarz, der Scheitel matt, der Clypeus
glänzend, dicht punktirt, in der Mitte etwas erhaben,
vorne mässig ausgebuchtet mit abgerundeten Randecken.
Die Fühlhörner sind dunkelbraun. Der Thorax wie bei *Gl.
modesta* gestaltet, aber gänzlich ungefleckt, allenthalben
sehr weitläuftig punktirt. Die eingestochenen Punkte sind
jedoch wegen des dichten Sammetüberzuges kaum sichtbar.
Vorne und an den Seiten, dicht neben dem Rande, befindet
eine schmale, gelbliche Filzeinfassung. Die Schultern
sind an ihrem vordern Rande gelbfilzig, die Flügeldecken
hinten nicht verschmälert, geradelinigt, neben dem Nahtende nicht zugespitzt. Ihre Oberfläche ist eben; die sehr
weitläuftig in Längsreihen eingestochenen Punkte auf
ihnen sind, wie auf dem Vorderrücken, wegen des Sammetüberzuges, nur allein unter der Loupe zu unterscheiden. Auf jeder von ihnen befindet sich in der Mitte ein
sehr feiner Punkt; unterhalb desselben, mehr nach der
Spitze zu, eine kleine nach unten concave, quere Linie;
unter dieser, neben dem Nahtende, wieder ein kleiner
Punkt. Ausserdem neben dem Seitenrande, etwas unterhalb seiner Mitte, eine zweite kurze, nach der Naht gerichtete Linie, und unter dieser eine dritte, mehr gekrümmte, in der Richtung der ersterwähnten, in der Mitte
des Endes der Flügeldecken gelegenen, verlaufende, ohne
sich aber mit letzterer zu vereinigen. Alle diese Linien
und Punkte sind gelb. Das Pygidium ist braun, punktirt, gelblich behaart, mit zwei oberen gelbfilzigen Randflecken. Der umgeschlagene Theil des Thorax ist gelblich, graufilzig. Eine ebenso gefärbte, breite Filzbinde
zieht sich ununterbrochen zu beiden Seiten des Meso- und
Metathorax, so wie des Unterleibes bis zu dem Pygidium
hin, so dass nur ein schmaler Streif in der Mitte von
Bauch und Brust nicht durch sie bedeckt wird. Dieser

Streifen ist hellbraun und glänzend. Von derselben
Farbe sind auch die Schenkel und Schienen, während die
Tarsalglieder schwarz sind. Alle genannten Theile, die
mit Filz überzogenen sowohl als auch die andern, sind
weitläuftig punktirt und in diesen Punkten mit sehr kurzen und feinen Härchen besetzt. Die Vorderschienen
sind zweigezähnt. Der Mesosternalfortsatz ist an seinem
Ende flach und etwas erweitert.

Diese Art ist jedenfalls eine selbstständige und nicht
blosse Varietät von *Gl. modesta*. Es bestehen zwar von
letzterer sehr kleine Individuen, die, was die Grösse und
auch die Färbung und Zeichnung auf der Unterseite betrifft, sehr auf meine *Gl. pygmaea* gleichen. Sie unterscheiden sich aber von letzterer constant durch die beiden
Punkte auf dem Discus des Thorax, durch dessen nicht
von einem gelblichen Filzsaume eingefassten vordern und
Seitenrand, so wie endlich durch die Anzahl der gelben
Punkte auf den Flügeldecken, welche auf jeder von ihnen
sieben bis acht beträgt, und von denen die ersten beiden
schon auf ihrem vordersten Theile stehen. Auch sind
die Flügeldecken bei der *Gl. modesta* viel stärker und
deutlicher punktirt, neben der Naht mehr aufgewulstet
und an deren Ende zugespitzt.

43. *Glycyphana festiva* Fabricius.

Cetonia festiva Fabr. Ent. t. I. 2. p. 147; Eiusd. Syst.
Eleuth. t. II. p. 147. — *Cet. vestiva* Schönherr, Synon.
Insect. I. 3. p. 137. — *Cet. festiva* Burm. l. c. Bd. III.
S. 791. — *Glycyphana festiva* Lacordaire, Gen. des Co-
léopt. Vol. III. p. 527. — *Euryomia festiva* Wallace l. c.
p. 579.

Habitat in insula Sumatra (Lacordaire).

Ich kenne diese Art nicht, als deren Vaterland
durch Fabricius, Schönherr und Burmeister Tran-
kebar genannt wird.

44. *Glycyphana plagiata* Schaum.   Taf. VII. Fig. 2.

Glycyphana plagiata Schaum, Trans. ent. Soc. Vol. V.
1848. p. 69. — *Euryomia plagiata* Wallace l. c. p. 578.
Habitat in insula Java. (Coll. Mohn. ♂♀).

45. *Glycyphana Behrii* Schaum.   Taf. VII. Fig. 3.

Glycyphana Behrii Schaum l. c. p. 70. — *Euryomia Behrii* Wallace l. c. p. 578.

Habitat in insula parva prope Javam Orientem versus. (Schaum).

Beide Arten sind ohne Zweifel nichts als blosse Varietäten einer Species, bei der eine auffallende Veränderlichkeit der Färbung und Zeichnung stattfindet, und hinsichtlich welcher es zweckmässig sein dürfte, sie, so wie alle übrigen Varietäten, als *Glycyphana variabilis* zusammenzufassen.   Ich habe von dieser Art zweiundvierzig Stücke, theils von Banjouwangie im östlichen Java, theils von der Insel Bali vor mir. Alle lassen sich auf folgende Hauptvarietäten zurückführen, zwischen denen mannigfache Uebergänge bestehen.

Var. 1. Durchaus dunkelgrünschwarz, oben matt, unten glänzend. Der Thorax mit weissen filzigen Seitenrändern, und auf seinem Discus zwei weisse Punkte. Auf den Flügeldecken, an ihrem äussern untern Rande, zwei bis drei grössere oder kleinere, quere, weisse Flecken, und zwei andere, über einander stehende, neben dem untersten Theile der Naht. Taf. VII. Fig. 4. Diese Form bildet den Grundtypus meiner *Gl. variabilis*, welchem *Gl. plagiata* und *Gl. Behrii* als Varietäten angehören.

Var. 2. Gleicht der vorigen in Grösse, Gestalt, Farbe und Zeichnung des Thorax und der Flügeldecken durchaus. Allein befindet sich bei ihr auf den letzteren, in ihrer Mitte, ein grosser, gelblichbrauner Fleck, der von dem Aussenrande bis zur Nahtschwiele reicht, und sich bei einigen Stücken fast über die ganze Flügeldecke ausbreitet. Diese Varietät bildet die *Glycyphana plagiata* Sch. Seine Diagnose lautet: „Atra, velutina, thoracis margine laterali punctisque duobus disci albis, elytris plaga mediana flavo-brunneo, punctisque quatuor albis, pygidio bimaculato. Long. 5 Lin."

Var. 3. Ebenso gross und durchaus von derselben Gestalt wie die vorigen. Die Grundfarbe aber mehr dunkelbraun. Neben dem weissen Rande, womit die Seiten

des Thorax eingefasst sind, verläuft ein breiterer oder schmälerer gelblich brauner Längsstreif, der sich über die Flügeldecken, bei einigen Exemplaren bis zu ihrem Ende fortsetzt, bei ándern aber kurz vor demselben aufhört. In der Mitte zwischen diesen beiden Streifen befindet sich auf dem Thorax ein dritter, welchem sich das gleichfalls gelblichbraune Schildchen anschliesst. Die Seiten der Flügeldecken so wie die Nahtgegend sind in den meisten Fällen dunkel; bei einigen Stücken breitet sich die hellgelbe Färbung jedoch über die ganze Flügeldecke aus. Die beiden Punkte auf dem Thorax stehen stets in dessen dunkler gefärbtem Theile; die Flecken der Flügeldecken durchaus wie bei den Varietäten 1 u. 2. Das Pygidium ist bei allen schwarz, mit gelblichen Haaren besetzt, mit zwei oder auch vier weissen Flecken, von denen zwei aber meistens kleiner wie die andern sind.

Diese Form bildet *Gl. Behrii* Schaum. Seine Diagnose lautet: „Subconvexa, atra, supra brunnea, thoracis vittis duabus infuscatis, lateribus punctisque duobus disci albidis, elytrorum vitta suturali margineque externo in fuscato, maculisque albis. Long. 5 Lin."

Genus III. *Protaetia* Burmeister.

Burm. Handb. d. Ent. Bd. III. S. 472.

1. *Protaetia spectabilis* Schaum.

Cetonia spectabilis Schaum, Analect. entom. 1841. p. 41. — *Protaetia spectabilis* Burm. l. c. p. 473. — *Cet. spectabilis* Wallace, Trans. ent. Soc. 3. Ser. IV. 1868. p. 579.

Habitat in insulis Java et Sumatra.

2. *Protaetia ciocolatina* Wallace.

Cetonia ciocolatina Wallace l. c. p. 579. pl. XIV. fig.

Habitat in insulae Celebes parte boreali. (Coll. Mohn. ♂ ♀; Coll. Wallace).

3. *Protaetia inanis* Wallace.

Cetonia inanis Wallace l. c. p. 580.

Habitat in insula Java. (Coll. Mohn. ♂ ♀)

Diese Art ist in einigen Theilen **des** östlichen Java nicht ganz selten. Sie zeichnet sich durch ihren breiten, robusten Körperbau aus und erreicht in einzelnen Stücken die beträchtliche Grösse von 32—33 Mm. Es giebt von ihr eine grüne und eine braune Varietät. An den Stellen, wo sich von der Oberseite der reifartige Ueberzug, womit diese Art, gleich den meisten Amerikanischen Gymnetiden, bedeckt ist, abgerieben hat, erscheint die erste Varietät metallisch goldgrün, die andere kupferroth glänzend. Diese Farbe trägt auch die Unterseite bei beiden Varietäten.

4. *Protaetia Celebica* Wallace.

Cetonia Celebica Wallace l. c. p. 581. pl. XIV. fig. 7.

Habitat in insulae Celebes parte boreali. (Coll. Mohn. ♂ ♀; Coll. Wallace.)

5. *Protaetia bipunctata* Gory et Percheron.

Cetonia bipunctata Gory et Perch. Mon. d. Cét. p. 201. pl. 36. fig. 4. — *Protaetia bipunctata* Burm. l. c. p. 489. — *Cetonia bipunctata* Wallace l. c. p. 583.

Habitat in insula Celebes. (Coll. **Mohn.** ♂ ♀; Coll. Wallace).

Von dieser Art waren zu Macassar alle Zäune bedeckt. Auch G em m i n g e r und v o n H a r o l d nennen noch in ihrem Cataloge als Vaterland dieser Art die Insel Varicoro in der Südsee, eben wie B u r m e i s t e r, der irrigen Angabe von G o r y und P e r c h e r o n folgend.

6. *Protaetia prolongata* Gory et Percheron.

Cetonia prolongata Gory et Perch. l. c. p. 173. pl. 30. fig. 5. — *Protaetia prolongata* Burm. l. c. p. 479. — *Cet. prolongata* Wallace. l. c. p. 583.

Habitat in insulis Ternate, Bourou, Celebes prope Menado (Coll. **Mohn.** ♂ ♀).

In dem Museum zu Leiden ist ein **Exemplar dieser**
Art als von Sumatra etikettirt. Diese Angabe dürfte
aber irrthümlich sein.

- 7. *Protaetia quadriadspersa* Gory et Percheron.

Cetonia quadriadspersa Gory et Perch. l. c. p. 196.
pl. 55. fig. 4. — *Protaetia quadriadspersa* Burm. l. c. p. 494.
Habitat in insula Java (?).

Ich halte sie für nichts als eine Varietät von *Pr. pro-*
longata, wie schon Burmeister vermuthete. Unter
meinen Exemplaren der letzteren befindet sich nämlich
ein von Ternate erhaltenes, welches ich von den andern
nicht trennen kann, das aber eine grosse Uebereinstimmung mit der Abbildung von G. u. P. zeigt. Es hat, wie
letztere, vier in zwei Reihen übereinander stehende Punkte
auf dem Thorax; die Farbe der Flügeldecken ist mehr
bräunlichgrün und überragen dieselben hinten den Körper nicht so sehr wie dieses bei *Pr. prolongata* in der
Regel der Fall ist. Dass G. und P. als Vaterland dieser
wie der vorigen Art Java nennen, kommt wahrscheinlich allein daher, dass ihre Stücke über Java nach Paris
gelangten.

8. *Protaetia obtusa* Wallace.

Cetonia obtusa Wallace l. c. p. 583.
Habitat in insula Java.

Diese von Wallace nach einem Exemplar in dem
Brittischen Museum beschriebene Art kenne ich nicht.

9. *Protaetia taciturna* Guérin.

Cetonia taciturna Guérin in Duperrey, Voyage de
la Coquille Vol. II. p. 91. Atl. Insect. pl. 3. fig. 12. —
Boisduval, Faune Entom. de l'Océanie p. 224. *Cet. taci-*
turna Gory et Perch. l. c. p. 176. pl. 31. fig. 3. — *Pro-*
taetia taciturna Burm. l. c. p. 498. — *Cet. taciturna* Wallace l. c. p. 584.

Habitat in insulis Ceram, Amboina, Bourou et Batjan. (Coll. Mohn. ♂ ♀).

Eigentliche Heimath dieser Art sind die genannten

Inseln und einige andere in ihrer Nähe gelegenen, woselbst sie, vornämlich auf Bourou, nicht selten ist. Nach Wallace kommt sie auch auf den nördlicher gelegenen Inseln Gilolo, Makian, Moratai, Gagie u. s. w. vor. Wie es mir scheint, vermengt derselbe in dieser Localitätsangabe die *Pr. taciturna* mit der folgenden ihr sehr ähnlichen, aber doch wesentlich von ihr verschiedenen Art, welche ich in zahlreichen Exemplaren von Gilolo, Batjan, Ternate und Tidor erhalten habe, deren er aber nicht in seinem Cataloge erwähnt.

10. *Protaetia Ternatana* n. sp. Mohnike.

Pr. fusca, plus minusve viridescens; supra opaca, subtus nitida, cupreo-micans; pygidio, pectoris abdominisque lateribus tomento luteo dense tecta; thoracis margine punctisque disci duobus luteis; elytris parallelis, sutura spinosis lineisque luteo tomentosis signatis.

Longitudo Mm. 19—20.

Habitat in insulis Ternate, Tidor, Batjan, Gilolo. (Coll. Mohn. ♂♀.)

Sie steht in der Mitte zwischen *Pr. taciturna* und *Pr. anovittata* von den Philippinen. Unter letzterer Benennung fand ich Exemplare dieser Art in dem Museum zu Leiden, angeblich von Sumatra. Diese Angabe ist jedenfalls aber irrthümlich. Die *Pr. Ternatana* ist eben so gross wie die *taciturna*, aber etwas schmäler; der Clypeus bei beiden gleichgestaltet, bei der *Ternatana* aber etwas höher umrandet, glänzender und weniger grob punktirt. Die Fühlhörner sind grünbraun. Der Thorax ist bei letzterer ebenfalls viel weniger tief und auch zerstreuter punktirt, und hat gleichfalls eine gelbliche filzige Einfassung der Seitenränder und auf dem Discus zwei, und bei einigen Exemplaren ausnahmsweise, vier gelbliche Punkte. In letzterem Falle sind aber die beiden unteren kleiner wie die oberen. Die Schultern sind hinten mit gelbem Filze bedeckt. Das Schildchen wie bei *Pr. taciturna* glatt und matt. Die Flügeldecken sind an dem Nahtende schärfer zugespitzt, allenthalben viel schwächer

und weniger punktirt als bei letzterer; ihre Basis und ihr
Discus beinahe glatt. Vorderrücken und Flügeldecken
sind matt braun, heller wie bei *Pr. taciturna*, dunkler
wie bei *Pr. bipunctata*, dabei mehr oder weniger grün
schimmernd, und an den Stellen, wo der sie bedeckende
matte Ueberzug durch Abreibung verloren gegangen,
hell metallisch glänzend. Die Zeichnung der Flügeldecken stimmt mit der von *Pr. taciturna* überein, allein
sind die transversalen gelbfilzigen Flecken und Linien
bei dieser Art meistens viel schwächer, zeigen grosse
Neigung obsolet zu werden, und erscheinen in einzelnen
Fällen nur noch eben angedeutet. Das Pygidium ist entweder ununterbrochen und gleichmässig gelbfilzig, oder dieser Ueberzug ist an zwei bis drei, in einer Reihe liegenden
Stellen weniger dicht und lässt die dunklere Grundfarbe
durchschimmern. Das Pygidium ist übrigens nadelrissig
und mit kleinen Härchen besetzt. Die Bauchsegmente sind
in der Mitte metallisch kupfern glänzend, sehr zerstreut
punktirt, hinten dicht mit gelbem Filze überzogen, von
welchem sich an dem obern Rande eines jeden Ringes
eine Verlängerung bis fast nach der Mitte hin fortsetzt.
Hinterhüften und alle Seitentheile der Brust gleichfalls
dicht gelbfilzig, und allein das Mesosternum davon frei.
Die Naht zwischen Meso- und Metasternum, vor dem sehr
kleinen, aber mehr breiten als langen Fortsatze des ersteren, mit einem feinen Haarrande besetzt. Alle filzigen
Seitentheile nadelrissig, grobpunktirt und mit gelblichen
Härchen bestanden. Die Beine sind braungrün, metallisch
glänzend; Schenkel und Schienen, besonders die vorderen, mit gelbliche Schuppen und Haare tragenden Punkten, Grübchen und Nadelrissen dicht besetzt. Die Schienen, mit gelblich weissen Kniepunkten. Die vorderen bei
beiden Geschlechtern stumpf dreigezähnt; die mittleren
und hinteren am inneren Rande mit gelbem Haarsaume.

Nach meinen Erfahrungen vertritt diese Art, deren
Heimathsstätte die nördlicher gelegenen Molukken sind,
daselbst die mehr dem südlicheren Theile dieses Archipels
angehörende *Pr. taciturna*. Die Insel Batjan, von welcher ich sowohl Exemplare von letzterer, als von *Pr.*

Ternatana erhalten habe, scheint, nach meinen Erfahrungen, die geographische Grenze beider Arten zu bilden.

11. *Protaetia Mandarinea* Weber.

Cetonia Mandarinea Weber, Observ. entom. p. 68 — *Cet. atomaria* Fabr. Syst. Eleuth. t. II. p. 153. — *Cet. atomaria* Gory et Perch. Mon. d. Cét. p. 204. pl. 57. fig. 3. — *Protaetia Mandarinea* Burm. Handb. d. Entom. Bd. III. S. 481. — *Cet. fictilis* Newman, Entomolog. Magaz. V p. 169. — *Cet. querula* Newm. The Entomol. 1841. p. 171. — *Cet. Mandarinea* Wallace, Trans. ent. Soc. 3. Ser. IV. 1868. p. 584.

Habitat in insulis Java, Sumatra, Banca, Borneo, Celebes et Amboina (Coll. Mohn. ♂ ♀).

12. *Protaetia acuminata* Fabricius.

Cetonia acuminata Fabr. Syst. entom. p. 50; Eiusd. Syst. Eleuth. t. II. p. 134. — *Cet. acuminata* Olivier Ent. Vol. I. 6. p. 41. pl. VIII. fig. 71. — *Cet. acuminata* Gory et Perch. l. c. p. 203. pl. 57. fig. 1. — *Cet. corrosa* Gory et Perch. l. c. p. 204. pl. 57. fig. 2. — *Protaetia acuminata* Burm. l. c. p. 479. — *Cet. acuminata* Wallace l. c. p. 584.

Habitat in peninsula Malayensi insulisque Java, Sumatra et Banca (Coll. Mohn. ♂ ♀).

13. *Protaetia marmorea* Weber.

Cetonia marmorea Weber, Observ. entom. p. 69. — *Cet. marmorea* Fabr. Syst. Eleuth. t. II. p. 134. — *Cet. Daldorfii* Schönh. Synon. Insect. Bd. I. Th. III. S. 138. — *Protaetia marmorea* Burm. l. c. p. 479.

Habitat in insulis Java et Banca. (Coll. Mohn. ♂ ♀). Gemminger und von Harold, so wie nach ihnen Wallace haben, wie es mir scheint, mit Unrecht, die Weber'sche *Cetonia marmorea* zu *Cet. acuminata* gezogen. Schon vor ihnen hielten Esscholz (Entomograph. I. S. 180) und Schaum (Analect. entomol. p. 35) beide Arten für ein und dieselbe. Ich glaube aber, dass die Ansicht von Burmeister, nach welcher sie getrennt werden müssen, die richtigere ist.

Sie gleichen, was Grösse, Farbe und Gestalt betrifft, einander sehr und können um so eher verwechselt werden als sie auf denselben Inseln vorkommen. Der Behauptung Burmeister's, dass *Pr. marmorea* kleiner als *Pr. acuminata* sei, kann ich nicht beistimmen. Ich habe von ihr wie von letzterer grössere und kleinere Stücke vor mir, und finde in dieser Beziehung keinen wesentlichen Unterschied. Die grösste Verschiedenheit liegt in der Nahtspitze, die bei erstgenannter Art stets kürzer und stumpfer ist wie bei letzterer. Auch ist bei ihr die weisse Querbinde auf den Flügeldecken stets breiter und auch viel dichter und weniger unterbrochen, die Sculptur des Thorax tiefer und kräftiger, so wie die braune Erzfarbe derselben und der Flügeldecken meistens etwas lichter und weniger schwärzlich, wie bei *Pr. acuminata.*

14. *Protaetia mixta* Weber.

Cetonia mixta Weber, Observ. entom. I. p. 69. — *Cet. mixta* Fabr. Systh. Eleuth. t. II. p. 152. — *Cet. confusa* Gory et Perch. Mon. d. Cét. p. 266. pl. 51. fig. 4. — *Protaetia confusa* Burm. Handb. der Entom. Bd. III. S. 486. — *Pr. mixta* Burm. l. c. Bd. IV. Abth. I. S. 566. — *Cet. mixta* Wallace l. c. p. 587.

Habitat in insula Sumatra.

15. *Protaetia cupripes* Wiedemann.

Cetonia cupripes Wiedem. in Germar's Magaz. IV. p. 146. — *Cet. Germari* Gory et Perch. l. c. p. 202. pl. 36. fig. 2. — *Cet. rufocuprea* Gory et Perch. l. c. p. 205. pl. 57. fig. 3. — *Protaetia cupripes* Burm. l. c. Bd. III. S. 483. — *Cetonia cupripes* Wallace l. c. p. 587.

Habitat in insula Java (Dejean, Catal. 3. Edit. p. 191).

16. *Protaetia obscurella* Gory et Percheron.

Cetonia obscurella Gory et Perch. l. c. p. 270. pl. 52. fig. 5. — *Protaetia obscurella* Burm. l. c. Bd. III. p. 487. — *Cet. obscurella* Wallace l. c. p. 586.

Habitat in insulis Java et Sumatra (Coll. Mohn. ♂ ♀).

17. *Protaetia guttulata* Burmeister.

Protaetia guttulata Burm. l. c. p. 483. — *Cetonia guttulata* Wallace l. c. p. 587.
Habitat in insula Timor (Coll. Mohn. ♂♀).

18. *Protaetia crassipes* Wallace.

Protaetia crassipes Wallace l. c. p. 586.
Habitat in insula Pinang.

19. *Protaetia ciliata* Olivier.

Cetonia ciliata Oliv. Entom. Vol. I. 6. p. 90. pl. XII. fig. 112. — *Cet. ciliata* Weber, Observ. entom. I. p. 70. — *Cet. lunulata* Fabr. Systh. Eleuth. t. II. p. 152. — *Protaetia ciliata* Burm. l. c. Bd. III. S. 488. — *Cetonia ciliata* Wallace l. c. p. 585.
Habitat in insulis Java et Sumatra (Coll. Mohn. ♂♀).

20. *Protaetia porcina* Wallace.

Cetonia porcina Wallace l. c. p. 585.
Habitat in insula Java.
Die Beschreibung dieser Art bei Wallace stimmt ziemlich genau mit einigen Exemplaren der *Protaetia ciliata* in meiner Sammlung überein, bei denen sich die filzige Randeinfassung des Thorax besonders weit, zugleich aber etwas zackig nach dessen Discus hin ausbreitet, und' die zugleich auf letzterer noch zwei gelbliche Punkte zeigen, während die beiden dunklen Flecken, welche sonst in der Mitte der Flügeldecken, zwischen der Nahtleiste und der Aussenrippe, unmittelbar unter den beiden obersten und innersten der halbmondförmigen Linien, zu stehen pflegen, entweder ganz fehlen oder doch mehr oder weniger obsolet sind. Ich zweifle deshalb noch, ob die *Protaetia porcina* wohl eine selbstständige Art ist.

21. *Protaetia Soloriensis* Wallace.

Cetonia Soloriensis Wallace l. c. p. 586.
Habitat in insula Solor prope Timor Orientem versus.

22. *Protaetia leucopyga* Burmeister.

Protaetia leucopyga Burm. **Handb. d. Ent. Bd. 5.** p. 560.

Habitat in insula Java.

Diese Art und ihre Beschreibung von **Burmeister** scheinen sowohl **Gemminger** und **von Herold**, als auch **Wallace** nicht **gekannt** zu haben, denn von keinem von ihnen wird ihrer erwähnt. In dem Museum zu Leiden befinden sich drei Exemplare einer noch nicht bestimmten *Protaetia* von Sumatra, die ich für *Pr. leucopyga* halten möchte. Auch sie zeigen die meiste Verwandtschaft mit *Pr. ciliata*, sind aber viel grösser. Zwei derselben sind Männchen, und bei ihnen ist der Vorderrand des Clypeus stumpf zweizackig und in die Höhe gebogen. Bei dem Weibchen ist dieses nicht der Fall; der Rand des Clypeus weder ausgebuchtet noch aufgebogen. Ebenso gestaltet sind nach **Burmeister** diese Theile bei dem Männchen seiner *leucopyga*. Auch im Uebrigen stimmen die Exemplare zu Leiden mit seiner Beschreibung überein. Allein erwähnt derselbe nicht der bei letzteren sich zeigenden, breiten, filzigen Randeinfassung des Thorax, die sich noch weiter nach innen erstreckt wie bei *Pr. ciliata*, so wie der vielen kleinen, wurmförmigen Strichelchen und Atome, womit ihre Flügeldecken gezeichnet sind. Dagegen haben sie aber an den Bauchsegmenten nicht die zweite Reihe weisser, filziger Randflecken jederseits neben der Mitte, von denen **Burmeister** bei seiner *leucopyga* spricht.

Herr **van Vollenhoven**, den ich ersuchte die in Rede stehende Art zu Leiden noch einmal mit **Burmeister's** Beschreibung der *leucopyga* vergleichen zu wollen, theilte mir mit, er sei zu der Ueberzeugung gekommen, dass dieselbe, wenn nicht blosse Varietät der letzteren, doch eine ihr ausserordentlich nahe stehende Art wäre.

23. *Protaetia resplendens* Burmeister.

Protaetia resplendens Burm. **Handb. d. Ent. Bd. III.** S. 475. — *Cetonia resplendens* Wallace l. c. p. 587.

Habitat in insula Timor.

Das von Herrn D u p o n t erhaltene Weibchen, nach welchem B u r m e i s t e r diese Art aufstellte, war aus Siwas in Klein-Asien. Die Exemplare zu Leiden sind als von Timor stammend angegeben. Auch L a c o r d a i r e (Gen. d. Coléopt. t. III. p. 537), so wie G e m m i n g e r und v o n H a r o l d, in ihrem Cataloge, nennen Timor ihr Vaterland. Welche dieser Angaben ist die richtigere; oder werden nicht vielleicht zwei verschiedene, sich sehr ähnliche Arten in der *Pr. resplendens* mit einander vermengt? W a l l a c e hat während seines mehrmaligen Aufenthaltes auf Timor sie daselbst nicht gefunden und auch ich habe sie niemals von dort erhalten. W a l l a c e setzt, was das „habitat" dieser Art betrifft, sowohl bei Siwas wie bei Timor ein Fragezeichen.

24. *Protaetia acutissima* n. sp. Mohnike.
Taf. VII. Fig. 5.

Pr. supra et subtus olivaceo-viridis, parum nitens; clypeo parvo, quadrato, dense punctato; thorace subpubescente, undique punctato, lateribus utrinque punctulis nonnullis albescentibus, partim obsoletis; scutello subnitido, punctato; scapulis tomentosis; elytris parallelis, apice rectis, maxime acuminatis, prope scutellum nitidioribus, inter suturam costamque lateralem fasciolis quatuor transversis interruptis, margine atomis albescentibus sparsim signatis.
Longitudo Mm. 17.

Habitat in insulae Javae parte orientali. (Coll. Mohn. ♂.)
Sie gleicht etwas der *Pr. acuminata* und *Pr. marmorea*. Der Clypeus ist klein, viereckig, nicht sehr hoch umrandet, in der Mitte etwas erhaben, dicht punctirt, in den Punkten mit feinen, kurzen gelblichen Härchen besetzt. Die Fühlhörner sind braungrün. Der Thorox ist allenthalben punctirt, an den Seiten etwas nadelrissig, in allen Vertiefungen stehen kurze gelbliche Härchen, wodurch die Oberfläche ein mattes sammetartiges Aussehen gewinnt. Der glänzende Fleck oberhalb des Schildchens und die von ihm entspringende, polirte Mittellinie, so wie die vertieften, matteren Stellen neben der letzteren, welche der Vorderrücken von *Pr. acuminata* zeigt, feh-

len dieser Art. Bei ihr befinden sich auf den Seitentheilen des Thorax allein fünf bis sechs kleine, mehr oder weniger undeutliche, gelblichweisse, filzige Punkte. Die Schultern sind gelb behaart. Das Schildchen ist etwas glänzender und weitläuftig punctirt. Die Flügeldecken verschmälern sich nach hinten sehr wenig, ihr hinterer Rand ist fast rechtlinigt, die Nahtspitze sehr lang und scharf, länger wie bei irgend einer andern *Protaetia*, *Pr. prolongata* nicht ausgenommen. Die Umgegend des Schildchens, die Nahtleiste und Seitenrippe sind glänzender als der übrige Theil der Flügeldecken, zeigen aber auch zerstreute Punkte, in denen sich gleichfalls kleine Härchen befinden. Der vertiefte Raum zwischen der Naht und der Seitenrippe ist ganz matt und der Länge nach nadelrissig. In ihm befinden sich vier kleine, aus aneinander gereihten Punkten bestehende weisse Querbinden. Die dichter und gröber punktirten Seiten der Flügeldecken sind neben ihrem Rande mit einigen weisslichen Atomen bestreut. Die Farbe ist oben ein schönes Olivengrün ohne metallischen Glanz. Das Pygidium ist senkrecht, mit gelblicher Filzdecke, worin drei grüne Längsflecken, und wird durch die Spitze der Flügeldecken überragt. Die Unterseite ist dunkelgrün, in der Mitte sehr zerstreut, an den Seiten, besonders der Brust, viel dichter und gröber punktirt, auch allenhalben mit gelblichen Härchen besetzt, die auf den Segmenten des Unterleibes viel kürzer wie auf den Brusttheilen sind. Ueber der Mitte haben die vier ersten Bauchringe weissliche filzige Randflecken. Der Mesosternalfortsatz ist an seiner Spitze scharf abgeschnitten, nach den Seiten aber hammerförmig erweitert. Die Beine sind olivenfarbig; alle Schenkel und Schienen dicht punktirt und kurz behaart. Die mittleren und hinteren Schienen haben an ihrem innern Rande einen gelblichen Haarsaum, die vorderen an ihrem äusseren zwei scharfe Zähne. Alle besitzen gelbliche Kniepunkte.

Ich habe von dieser sehr seltenen Art nur ein einziges Männchen in der höheren Gebirgsgegend des östlichen Java erhalten.

25. *Protaetia lyrata* n. sp. Mohnike Taf. VII. Fig. 6.

Pr. supra viridis opaca; clypeo quadrato, immargi-nato, angulis subrotundato, plano, dense punctato; anten-nis atrovirescentibus; pronoto punctato, albo-marginato, disco lineis albidis duabus curvatis, lyriformibus; scapulis subhirsutis; elytris subparallelis, spinosis, albo-variegatis; pygidio albo-adsperso; subtus viridis, nitida, punctata; pectoris lateribus villosis, abdominis albo-irroratis; pro-cessu mesosternali apice rotundato.

Longitudo Mm. 18.

Habitat in insulae Javae parte orientali. (Coll. Mohn. ♀.)

Diese Art ist eine eigenthümliche, welche in man-cher Beziehung grössere Uebereinstimmung mit einigen Glycyphanen, wie z. B. *Gl. plagiata,* als mit den meisten Protaetien zeigt. Im Allgemeinen scheint es mir aber doch, dass sie den letzteren zugezählt werden muss. Der Clypeus ist bei ihr kurz, viereckig, nicht umrandet, in seiner Mitte wenig oder nicht erhaben. Er wie der Kopf und die Fühlhörner sind dunkel grünschwarz. Der Vor-derrücken ist weiss gerandet und trägt auf dem Discus zwei weisse, an ihrem unteren Theile etwas dickere und nach innen gebogene Linien, welche zusammen eine leierförmige Figur bilden, ähnlich wie auf den Flügel-decken von *Schizorrhina Australasiae* sich befindet. Die Flügeldecken sind beinahe parallel, mit wenig erhabener Mittelrippe und Nahtleiste. Letztere ist am Ende etwas zugespitzt. Wie bei den meisten Glycyphanen finden sich zu beiden Seiten der Mittelrippe mehr oder weniger deutliche Reihen eingestochener Punkte. Neben der Spitze des Schildchens ist auf jeder Seite ein weisser Punkt. Ausserdem sind die Flügeldecken mit mehreren grösseren, unregelmässig gestalteten, keine Querbinde bildenden weissen Flecken bedeckt. Die Farbe von Vorder-rücken und Flügeldecken ist ein mattes, ziemlich dunkles Grün, ohne allen metallischen Glanz. Das Pygidium ist wurmförmig nadelrissig und in den Vertiefungen weissfilzig. Die Unterseite ist grün, glänzend, aber auch nicht metallisch, und mehr oder weniger dicht punctirt. Die Seiten der Bauchsegmente sind mit einer dünnen Lage weissen Filzes bedeckt, so dass die grüne Grundfarbe durchschimmert; die der Brust tragen ein ziemlich dichtes, weissgraues Haarkleid. Schenkel und Schienen sind punktirt, mit weisslichen Härchen und Schuppen bedeckt. Die hinteren und mittleren Schienen haben einen kurzen grünweissen Haarsaum, und in der Mitte ihres äusseren Randes einen Zahn. Letzterer ist bei den Vorderschienen nur eben angedeutet. Der Mesosternalfortsatz ist kurz und an seiner Spitze abgerundet.

Auch diese Art ist sehr selten und habe ich während meines mehrjährigen Aufenthaltes auf Java nur ein einziges Exemplar davon gefunden.

26. *Protaetia pectoralis* n. sp. Mohnike.

Pr. atra; clypeo quadrato, marginato, medio elevato, punctato, luteo-squamoso; antennis atris; thorace, exceptis linea mediana elevata, nitidissima, ante scutellum valde dilatata, plagaque utrinque 8 formi, viridi-atro velutino, densissime tecto punctis, squamulas flavescentes gerentibus; elytris subparallelis, spinosis, partim punctatis, partim aciculatis, disco, sutura, costaque laterali nididis, lineolis transversis albidis variegatis; pygidio atro, atomis albidis adsperso; subtus atra nitida, segmentis abdominis sparsim punctatis, duplicique serie macularum marginalium albidarum ornatis; pectoris lateribus atomis albidis adspersis, villosis; processu mesosternali obtuso, apice dilatato.

Longitudo Mm. 14—19.

Habitat in insula Celebes prope Gorontalo. (Coll. Mohn. ♂♀.)

Auch diese Art hat einige Aehnlichkeit mit *Pr. acuminata* und *Pr. marmorea*, unterscheidet sich aber von ihnen schon durch ihre tiefschwarze Farbe, ohne allen metallischen Glanz sowohl oben als unten; viel mehr aber noch durch die Sculptur des Vorderrückens. Auch ist sie breiter und verhältnissmässig kürzer als die genannten Arten. Der Clypeus ist viereckig, umrandet, in der Mitte etwas erhaben, punktirt und mit gelblichen

Schuppen in den Vertiefungen. Auf dem Thorax befindet sich eine dreieckige sehr glänzende Stelle, von welcher eine erhabene, ebenso glänzende Linie nach dem Kopfe hin verläuft und den Thorax in zwei Hälften theilt. Zu beiten Seiten ist derselbe dicht punktirt und mit gelblichen Schuppen besetzt, mit Ausnahme zweier länglicher, schief von oben und innen, nach unten und aussen verlaufender, einigermassen 8-förmiger sammetartiger, tief grünschwarzer Flecke. Die Schultern haben hinten einen gelblichen weissen Fleck. Das Schildchen ist glatt und glänzend; ebenso auch der Discus der Flügeldecken, ihre hinten scharf zugespitzte Nahtleiste und die Seitenrippe. Mit Ausnahme dieser erhabeneren, glänzenderen Stellen, sind die Flügeldecken tief matt schwarz, allenthalben punktirt und in dem Zwischenraume zwischen Naht und Seitenrippe der Länge nach nadelrissig. An dieser Stelle stehen am gedrängtesten eine Menge gelblich weisser, meistens perpendiculairer Fleckchen und Strichelchen, die mit andern, dem Hinterrande näher gelegenen, eine Art von unterbrochener Querbinde über die Flügeldecken bilden. Solche weissliche Strichelchen und Fleckchen befinden sich auch noch oberhalb dieser Querbinde neben dem äusseren Rande, und zwei andere, einer nach oben gekrümmt, unten neben der Naht. Das Pygidium ist schwarz, dicht punktirt, an den Seiten mit gelblichen Atomen bestreut. Die Unterseite ist schwarz, sehr glänzend, aber durchaus nicht metallisch. Das letzte Bauchsegment ist dicht grubig, die übrigen sind zerstreut punktirt; alle haben eine doppelte Reihe von Randflecken, von denen aber meistens einige verwischt erscheinen. An den Brustseiten befinden sich einzelne gelbliche Flecken; ausserdem sind sie mit gelblichen Haaren, aber nicht sehr dicht besetzt. Der Mesosternalfortsatz ist vorne abgestumpft und etwas seitlich erweitert. Die Beine sind schwarz, Schenkel und Schienen grob punktirt; erstere haben unten, neben dem Kniegelenke, einen weissgelblichen Fleck; letztere eben solche Kniepunkte. Die mittleren und hinteren Schienen haben am innern Rande einen gelblichen Haarsaum, die vorderen drei äussere

Randzähne, von denen die oberen bei dem Männchen aber nur eben angedeutet sind.

Unter den Exemplaren welche ich von dieser Art besitze, befinden sich ein Paar Stücke einer Varietät mit völlig ebenem, matt sammetschwarzen Vorderrücken, ohne die erhabene, glänzende Mittellinie, und allein, eben wie *Pr. mandarinea*, aber nicht so dicht, mit gelblichen Fleckchen und Strichelchen gezeichnet. In allem Uebrigen stimmen sie mit den anderen Exemplaren durchaus überein.

Sectio VII. Cremastochilidáe.

Genus I. *Euremina* Wallace.

Wallace, Trans. ent. Soc. 3. Ser. IV. 1868. p. 590.

1. *Euremina agnella* Wallace.

Euremina agnella Wallace l. c. p. 590. pl. XIV. fig. 9.
Habitat in insula Pinang.

Genus II. *Macroma* Gory et Percheron .

Gory et Perch. Mon. d. Cét. p. 35.

1. *Macroma Javanica* Gory et Percheron.

Macroma Javanica Gory et Perch. l. c. p. 148. pl. 9. fig. 5. — *Macr. Javanica* Burm. Handb. d. Entom. Bd. III. S. 645. — *Macr. Javanica* Wallace l. c. p. 590.
Habitat in insula Java (Coll. Mohn. ♂♀).

2. *Macroma flavoguttata* Van Vollenhoven.

Macroma flavoguttata Van Vollenh. Nederl. Tydschr. voor Ent. Bd. VII. p. 159. t. 10. fig. 6. — *Macr. flavoguttata* Wallace l. c. p. 590.
Habitat in insula Borneo.

3. *Macroma triguttulata* n. sp. Mohnike.

Macr. aterrima, nitida; **clypeo** margine antico reflexo, medio elevato, punctato; thorace disco minus, lateribus :plus punctato, **glabro**, antice flavo marginato, postice guttulis tribus flavis, quarum media, ante scutellum sita minor, ornato; elytris glaberrimis, abbreviatis, seriatim **punctatis,** ante apicem rotundatam, crista transversa, parum prominente, distinctis; pygidio carinis tribus longitudinalibus, medio valde prominente; parapleura flava; abdomine, pectore, pedibusque concoloribus, punctatis; processu mesosternali brevi, obtuso, apice **dilatato**.

Longitudo Mm. 14.

Habitat in insula Sumatra (Coll. Mohn. ♂).

Sie gleicht in der Gestalt viel *Macroma Javanica*, ist aber beträchtlich kleiner. Der Clypeus ist vorne mehr aufgebogen, an den Seiten flach, in der Mitte in Folge der hervorragenden nach unten verlaufenden Stirnschwiele erhöht, allenthalben punktirt. Alle Kopftheile so wie die Fühlhörner, deren erstes Glied rund und birnförmig, sind schwarz. Der Prothorax wie bei *Macr. Javanica*, schwarz, glatt und glänzend, in der Mitte sehr zerstreut, an den Seiten dichter punktirt. An seiner vordersten Hälfte befindet sich auf jeder Seite ein gelber, nach hinten schmäler werdender Randfleck. Ausserdem sind an seinem Flügeldeckenrande drei gelbe, in einer Reihe stehende, runde Flecken, von welchen der vor dem Schildchen der kleinste. Letzteres ist gleichseitig dreieckig, klein, scharf zugespitzt. Dasselbe wie seine Umgegend liegen etwas tiefer, wie der übrige Theil der Flügeldecken. Diese sind glatt, gleich wie die von *Macr. Javanica* mit Punktreihen versehen, welche indessen bei letzterer viel deutlicher sichtbar sind. Ihr Ende ist nadelrissig, hinten abgerundet, und neben der Naht nicht zugespitzt. Oberhalb der nadelrissigen Stelle an dem Ende der Flügeldecken befindet sich eine quere, gekrümmte, etwas hervorragende, aber nicht ihre ganze Breite einnehmende Linie. Auf dem schwarzen, glänzenden, punktirten Pygidium sind drei Längskiele, von denen der in der Mitte der stärkste ist und höher hervorragt, als wie bei *Macr. Javanica* der Fall ist. Die ganze Unterseite, mit Ausnahme der gelben Parapleura ist schwarz und glänzend. Die Bauchringe sind sehr weitläuftig, die Seiten der Brust aber, so wie Schenkel und Schienen, dichter punktirt. Ein Haarkleid fehlt allenthalben. Die Beine sind wie bei *Macr. Javanica*; der Mesosternalfortsatz ist kurz, breit, an der Spitze scharf abgeschnitten aber etwas nach den Seiten erweitert.

Ich habe von dieser Art ein Männchen zu Siak im nordöstlichsten Theile von Sumatra erhalten.

4. *Macroma gloriosa* n. sp. Mohnike Taf. VII. Fig. 7.

Macr. capite flavo; clypeo lato, subconvexo, glabro, antice vix emarginato, nigromarginato; antennis brunneis; prothorace ante scutellum valde depresso, flavo, antice et postice atro marginato, guttulis novem atris triplici serie ornato; elytris abbreviatis, attenuatis, glaberrimis, distanter seriatim punctatis, scapulis maxime prominentibus, prope scutellum valde depressis, postice rotundatis, ante apicem carina transversa, crenata distinctis; pygidio tricarinato, hoc abdominisque segmento penultimo omnino intectis, valde compressis; pectore, abdomine, pedibusque atris, nitidis, parum punctatis; parapleura lateribusque metasterni niveis.

Longitudo Mm. 24.

Habitat in insula Sumatra (Coll. Mohn. ♂).

Eine ausserordentlich schöne, schon durch ihre Grösse merkwürdige Art, da sie die Länge der *Cetonia marmorata* besitzt, aber noch breiter ist. Keine andere von den mir bekannten kommt zugleich in dem Habitus und Körperverhältnissen einigen der grösseren Macronotiden, wie z. B. *Macron. Diardi* so nahe. Die Stirn ist ziemlich flach, glatt, ohne alle Punktur und eben wie der Clypeus schön gelb. Der Clypeus ist breit, etwas convex, vorne kaum ausgebuchtet, daselbst aber fein schwarz gerandet. Auch auf ihm befindet sich keine Punktur. Die Mundtheile stimmen mehr mit denen der vorigen Art, wie mit denen von *Macr. Javanica* überein, da bei letzterer die horizontale Ligularplatte verhältnissmässig grösser ist, als bei dieser und der vorigen. Der Vorderrücken ist viel breiter als lang, vor dem Schildchen fast ebenso tief wie bei *Macronata Diardi* vertieft, lässt auch die Andeutung eines hintern Lappens bemerken; ist glatt, ohne alle Punktur, schön gelb, mit einem feinen, vordern und hintern, schwarzen Rande. Auf dem Discus stehen neun runde schwarze Flecken, vier in einer vorderen, zwei in einer mittleren, drei in einer hintern Reihe. Die in der vordersten sind die kleinsten. Die Flügeldecken sind unterhalb der Schulter sehr tief ausgeschnitten, bleiben alsdann in dem Masse schmal, dass die Bauchringe sichtbar werden und sind auch verhältnissmässig noch viel kürzer wie bei den schon genannten Arten, so dass sie in dieser Beziehung an *Necrophorus* erinnern. Sie lassen das Pygidium und den vorletzten Bauchring durchaus unbedeckt, sind hinten abgerundet, und haben kurz vor ihrem Ende eine gezackte Querleiste, die an ihrem Rande entspringt und sich, S-förmig gebogen, fast bis zur Naht hin erstreckt. Sie ist viel vorspringender und schärfer wie bei den schon genannten Arten. Ihre Schulterbuckel treten auffallend stark nach oben und aussen hervor, und sind die Flügeldecken hier beträchtlich breiter als der Vorderrücken. Neben dem kleinen, dreieckigen, scharf zugespitzten Scutellum sind sie beträchtlich vertieft, als Fortsetzung der schon erwähnten Vertiefung des Prothorax. Ihre Farbe ist ein sehr glänzendes, reines und tiefes Schwarz; sie sind mit Reihen sehr weit von einander stehender, nur allein unter der Loupe sichtbarer Punkte bedeckt. Der durch sie unbedeckte, nach unten herabhängende hintere Theil der Bauchsegmente ist wie von oben nach unten zusammengedrückt. Auf dem Pygidium befinden sich drei stark hervorspringende Längsleisten, von denen die in der Mitte besonders scharf. Die ganze Unterseite, mit Ausnahme der rein weissen Parapleura und des oberen Theiles von dem Metasternum, ist glänzend schwarz, gänzlich ohne Haarkleid und nur hier und da stehen einzelne Punkte. Die Beine sind ebenfalls glänzend schwarz; die Schienen besonders stark und kräftig, bei den beiden hinteren mit einem Dorn auf dem Aussenrande, bei den vorderen mit zwei Zähnen. Die Tarsi sind kurz und dick, verhältnissmässig kürzer wie bei *Macroma Javanica*, mit undeutlich abgesetzten Gelenken. Der Mesosternalfortsatz ist etwas länger, vorne mehr abgerundet wie bei letztgenannter und mehr seitlich erweitert.

Ich erhielt von dieser auffallend schönen Art ein einziges Exemplar zu Tebing-Tinggi im Innern von Sumatra. Ich halte dasselbe wegen seines platten und wie zusammengedrückten Bauches für ein Männchen, obschon bei ihm die Längsfurche, welche die Männchen von *Macroma Javanica* und *Macr. triguttulata* besitzen, nicht vorhanden ist.

Genus III. *Rhagopteryx* Burmeister.

Burm. Handb. d. Ent. Bd. III. S. 649.

1. *Rhagopteryx Brahma* Gory et Percheron.

Cremastocheilus Brahma Gory et Perch. Mon. d. Cét. p. 120. pl. 17. fig. 3. — *Rhagopteryx Brahma* Burm. l. c. p. 650. Eiusd. Genera Insect. Nr. 38. fig. 1—7. — *Rhagopteryx Brahma* Wallace, Trans. ent. Soc. 3. Ser. IV. 1868. p. 590.
Habitat in insula Java.

Genus IV. *Centrognathus* Guérin.

Guérin in Révue de la Soc. Cuvier. III. 1840. p. 79.

1. *Centrognathus subrugosus* Guérin.

Centrognathns subrugosus Guérin. l. c. p. 79. — *Cen. trogn. subrugosus* Burm. l. c. p. 655. — *Centrogn. subrugosus* Wallace l. c. p. 589.
Habitat in insula Pinang.

Genus V. *Cholerastoma* n. gen. Mohnike.

Noch kurz vor meiner Abreise von Java erhielt ich daselbst drei Stücke einer Cremastochilide, die mir schon auf den ersten Blick sowohl dem Genus wie der Art nach neu erscheinen musste, da bei beiden Geschlechtern die Tarsi nur viergliedrig sind. Ich nenne diese Gattung *Cholerastoma*, nach der eigenthümlichen, den cylinderförmigen Dachrinnen aus Blech nicht ganz unähnlichen Form ihres Kopfes mit dem Clypeus und dem sehr grossen ersten Fühlhorngliede.

Der Kopf ist auffallend gross und verhältnissmässig breit; seine Länge von dem Rande des Clypeus bis zu dem des Vorderrückens beträgt kaum weniger wie die des letzteren. Er ist zwischen den Augen am breitesten, schief nach unten gebogen und sowohl von oben nach unten, wie nach den Seiten hin gewölbt. Die Augen sind ebenso wenig wie bei *Scaptobius* von oben sichtbar, da der Rand des Kopfes sie überragt, und sie, bei Einziehung des letzteren, durch den Vorderrücken bedeckt werden. Das erste Fühlhornglied ist sehr gross und hat die Gestalt eines regelmässigen Dreiecks mit etwas abgestumpften Ecken, die darauf folgenden sind nur kurz, die Keule ist dick und oben wenig spitz. Der Clypeus ist stark nach unten gekrümmt, unten breiter wie oben, und wie Scheitel und Stirn gewölbt. Sein unterer Rand ist in der Mitte breit, aber sehr wenig tief ausgebuchtet und etwas nach oben gebogen. Die Seitenränder setzen sich nach unten, und mehr noch nach hinten lappenförmig fort, wodurch der untere Rand des Clypeus vollkommen halbkreisförmig wird. Der dreieckige Raum zwischen ihnen und den Rändern des Kopfes wird, wie durch eine Klappe, durch das grosse dreieckige, genau in die Lücke hineinpassende erste Fühlerglied vollkommen geschlossen, nachdem sich zuvor der Stiel und die Keule an die innere Fläche desselben angelegt haben. Da sich aber bei dem Einziehen der Fühlhörner und dem Schliessen des erwähnten dreieckigen Raumes durch das erste Glied derselben, zugleich der ganze Kopf nach hinten beugt und an die Hüften der Vorderbeine anlegt, — was jedesmal geschieht wenn das Thier angefasst oder auf irgend eine Weise beunruhigt wird, — so gewinnt derselbe, in dieser Lage, durchaus das Aussehen eines gekrümmten, auch unten geschlossenen Cylinders, indem die grosse, horizontal gelegene Ligularplatte vollkommen den untern Zugang zu den inneren Mundtheilen absperrt. Dieselbe ist an ihrer vordern Hälfte abgerundet, an ihrer hinteren unregelmässig vierseitig, eben, mit einem wenig nach unten ausstechenden Rande. Ihre vordere Hälfte passt genau in die Concavität des untern Clypealrandes während eine kleine in der Mitte ihres hinteren Umfanges hervorstechende Spitze, bei dem schon erwähnten Zurückbeugen des Kopfes, sich zwischen die Hüften der Vorderbeine hineinlegt. Ihre Seitentheile liegen aber gegen die Basis des dreieckigen ersten Fühlergliedes an, sobald dasselbe eingezogen ist.

Der Prothorax ist, mit Ausnahme der breiten Kopföffnung, fast vollkommen kreisrund, abgeflacht, ziemlich stumpf gerandet. Er liegt nicht dicht gegen die Flügeldecken und das Schildchen an, sondern seine Verbindung mit diesen Theilen geschieht mittels einer kurzen, stielartigen Verlängerung des Prothorax, ähnlich wie z. B. bei *Spondylis* stattfindet. Das Schildchen ist gleichseitig dreieckig. Die Flügeldecken sind an ihrer seitlich abgerundeten Basis beträchtlich breiter als der Vorderrücken, haben 2½mal dessen Länge, parallele Ränder, die sich nach den Seiten ziemlich scharf umbiegen, und sind fast vollkommen eben. Ihre Schulterbuckel ragen allein seitlich, die hinteren Buckeln nur wenig nach oben hervor. Sie sind hinten abgerundet, ohne Nahtspitzen und lassen den vorletzten Bauchring zur Hälfte unbedeckt. Die Scapulae erreichen ihren vordern Rand nicht ganz, und sind daher, eben wie bei *Cyclidius*, von oben nicht sichtbar. Das Pygidium ist gross, nach unten abgerundet und, gleich wie die Stigmata des vorletzten Bauchringes, hervorragend. Brust und Bauch sind stark gewölbt; letzterer bei dem Männchen mit einer tiefen, mittleren Längsfurche. Meso- und Metasternum in der Mitte der Länge nach vertieft, ohne die geringste Spur von Fortsatz an ersterem. Ein Haarkleid fehlt gänzlich. Die Beine sind ziemlich lang und kräftig, die Vorderschienen bei beiden Geschlechtern etwas gekrümmt, und allein bei dem Weibchen mit der Andeutung eines Zahnes auf dem äusseren Rande versehen, während die mittleren und hinteren Schienen sowohl bei dem Männchen als dem Weib-

chen die Andeutung eines solchen Zahnes sehen lassen.
Die Tarsi haben bei beiden Geschlechtern, wie schon
oben bemerkt, nur vier Glieder. Sis sind rundlich und,
besonders die der Vorderbeine, sehr kurz, bei dem Weibchen noch kürzer wie bei dem Männchen, aber doch mit
deutlich zu erkennenden Absetzungen der Gelenke. Die
Krallen sind ausserordentlich klein, kaum sichtbar und
wenig oder nicht gekrümmt.

Dieses Gechlecht scheint mir zwischen *Cyclidius* und
Cremastochilus in der Mitte zu stehen.

1. *Cholerastoma spondylidea* n. sp. Mohnike Taf. VII. Fig. 8.

Chol. supra plumbagineo-nigrescens, parum nitens;
elytris postice iuxta marginem litura parvula albida signatis; subtus nitidior, atra.

Longitudo Mm. 22.

Habitat in insula Java (Coll. Mohn. ♂♀).

Die Farbe ist oben ein in das Graue spielendes,
graphitartiges, wenig schimmerndes, unten ein viel tie-
feres und glänzenderes Schwarz. Scheitel, Stirn und
Clypeus und die Aussenseite des ersten Fühlergliedes sind
grob und dicht punktirt. So auch das Schildchen. Die
Flügeldecken haben an ihrem hintern Dritttheil neben
dem Rande einen kleinen, weisslichen, halbverwischten
Fleck. Bei dem einen Exemplar befindet sich ein zweiter Fleck weiter nach vorne, neben der Naht. Sie sind
mit grösseren, mehr unregelmässig gestalteten und theilweise zusammenfliessenden Punkten und Grübchen bedeckt, deren Anordnung in Längsreihen sich aber deutlich erkennen lässt. Das Pygidium ist feiner und dichter punktirt. Auf den Bauchringen und den Seiten der
Brust stehen die Punkte viel zerstreuter und weitläuftiger, sind auch grösser.

Ich fand zwei Exemplare dieser Art auf einem Ge-
birgswege im östlichen Java langsam auf der Erde krie-
chen. So wie ich sie anfasste, legte sich der Stiel und die
Keule der über den vorderen Rand ihrer ersten, sehr
grossen, dreieckigen Glieder hervorragenden Fühlhörner
gegen die innere Fläche derselben an, und wurden letz-

tere nach den Seiten des Kopfes zurückgezogen, während dieser gegen die Unterseite des Prothorax stark zurückgebogen ward. Wird das Thier nicht beunruhigt, so ist die Haltung seiner Fühlhörner wie in der beifolgenden Abbildung, d. h. die ersten Glieder derselben stehen in horizontaler Richtung flügelförmig zu beiden Seiten des Kopfes hervor, während ein Theil des Stieles mit der Kolbe den vordern Rand derselben überragt. Wahrscheinlich findet dasselbe bei andern *Cremastochiliden* besonders den Arten von *Cyclidius* statt; und dürften auf den meisten Abbildungen derselben die Fühlhörner nicht richtig gezeichnet sein. In der Abbildung bei La co r-dai r e (Atlas Taf. 39) ist das Fühlhorn von *C. elongatus* (Fig. 3 b) richtig gezeichnet, während die Hauptfigur des Thieres selbst, diese Eigenthümlichkeit nicht erkennen lässt. Obgleich ich die erwähnten Thiere einige Tage am Leben erhielt, so gelang mir doch nicht etwas Näheres über ihre Lebensweise zu erfahren. Dass sie, eben wie andere Cremastochiliden, auf und vielleicht selbst in der Erde leben, ist wahrscheinlich. Ihre Flügeldecken liegen so fest aneinander, dass sie sich nicht ohne einige Mühe trennen lassen, und ihre Flügel selbst sind so klein, dass man voraussetzen darf, dass sie nur selten und ausnahmsweise davon Gebrauch machen. Auch dieser Umstand lässt auf ein Leben auf oder in der Erde schliessen. Unsicherer sind Vermuthungen über ihre Nahrung. Dass sie aber auch hierin von den übrigen Cetoniden abweichen, wird durch die eigenthümliche Gestalt des Clypeus, und die sehr grosse, den unteren Zugang zu den innern Mundtheilen gänzlich absperrende Ligularklappe mehr als wahrscheinlich gemacht.

Erklärung der Abbildungen.

Taf. V.

Fig. 1. Prigenia Vollenhoveni n. sp. Mohn. ♂.
» 2.   »   »   »   »   ♀.
» 3. Diceros Peteli Buq. ♂.
» 4. Coryphocera gloriosa n. sp. Mohn. ♀.
» 5. Clinteria flavomarginata Wiedem.
» 6.   »   »   Varietas.
» 7.   »   viridissima n. sp. Mohn.
» 8. Glycyphana picta n. sp. Mohn.

Taf. VI.

Fig. 1. Lomaptera Ulricae n. sp. Mohn. ♀.
» 2.   »   anomala. n. sp. Mohn. ♀.
» 3. Eupoecila balteata n. sp. Vollenh.
» 4. Glycyphana palliata n. sp, Mohn.
» 5.   »   puella n. sp. Mohn.
» 6.   »   albopunctata n. sp. Mohn.

Taf. VII.

Fig. 1. Glycyphana flavopunctata n. sp. Mohn.
» 2.   »   plagiata Schaum.
» 3.   »   Behrii Schaum.
» 4.   »   variabilis Mohn.
» 5. Protaetia acutissima n. sp. Mohn.
» 6.   »   lyrata n. sp. Mohn.
» 7. Macroma gloriosa n. sp. Mohn.
» 8. Cholerastoma spondylidea n. sp. Mohn.

Berichtigungen.

S. 4 Z. 13 u. 14 v. o. lies »tabellarische Uebersicht der Verbreitung«
    statt »tabellarische Verbreitung«.
S. 7 Z. 20 v. o. lies : Taf. V statt Taf. IX.
» 10 » 15 »   »   » V »   » IX.

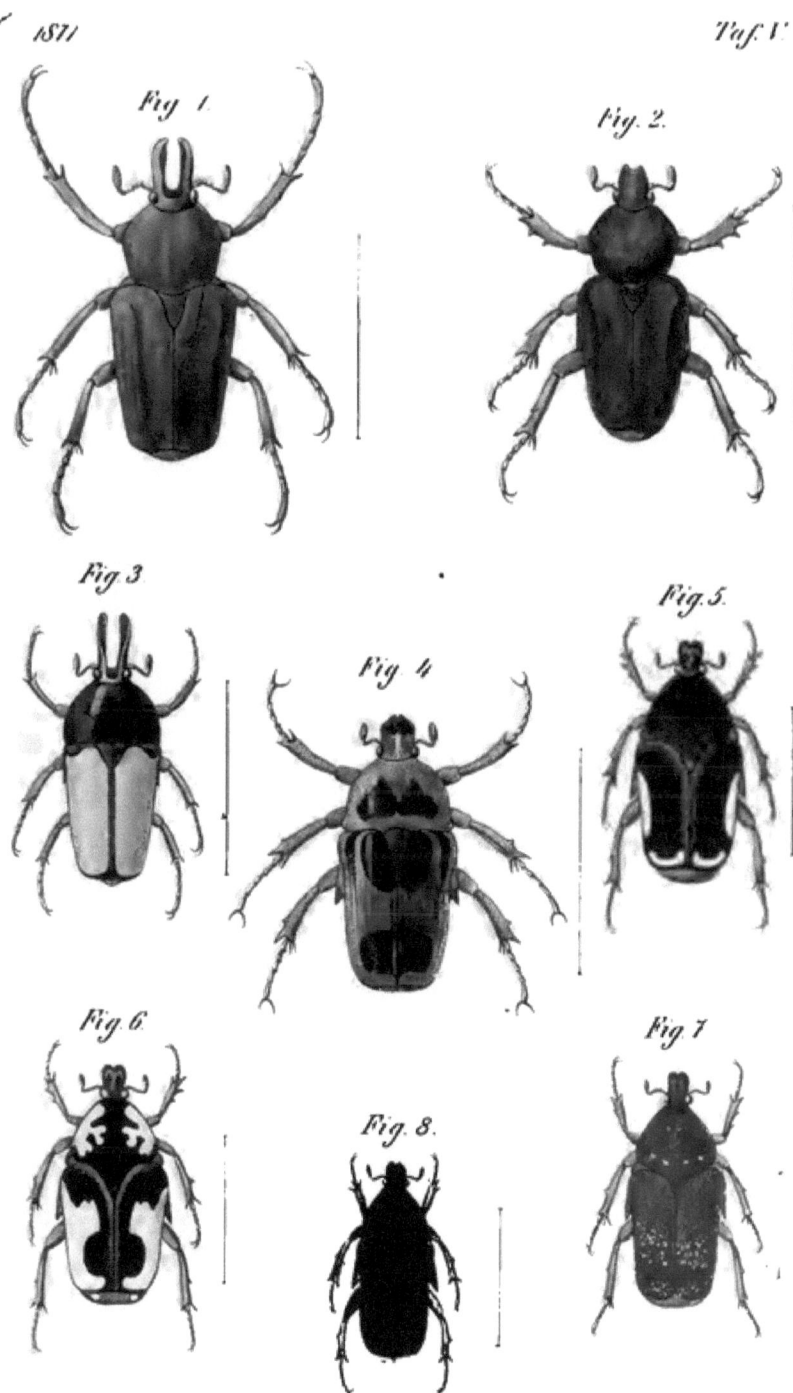

Fig. 1. Fig. 2. Fig. 3. Fig. 4. Fig. 5. Fig. 6. Fig. 8. Fig. 7

Fig. 2

Fig. 1.

Fig. 3.

Fig. 4.

Fig. 5.

Fig. 6.

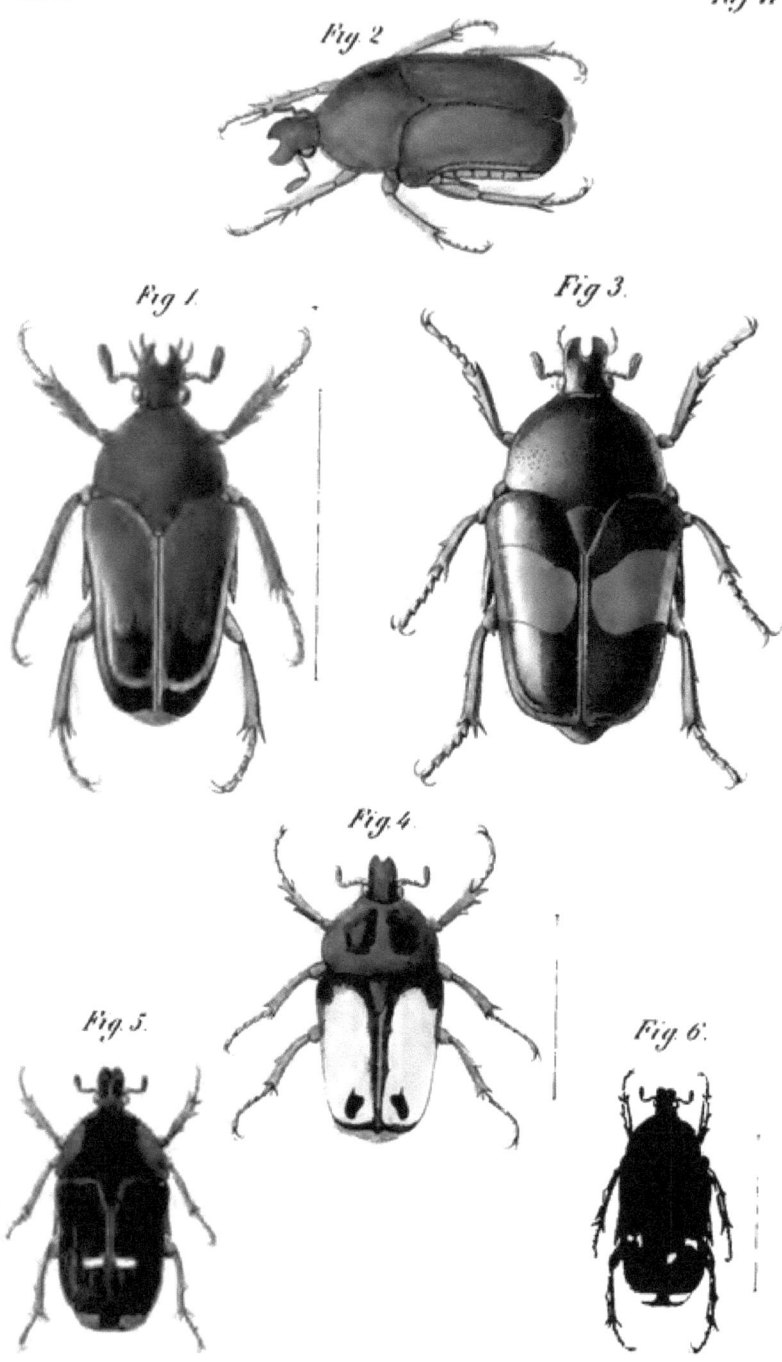

C.F. Schmidt lith.

Fig. 1.

Fig. 2.

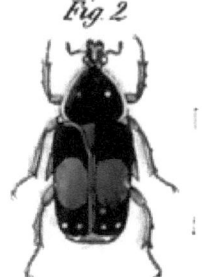

Fig. 3.

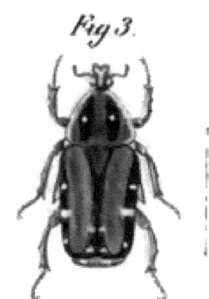

Fig. 4.

Fig. 5.

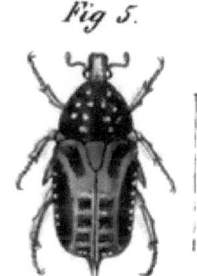

Fig. 6.

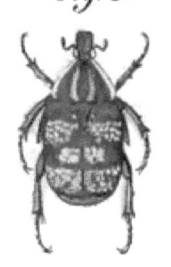

Fig. 7.

Fig. 8.

C. F. Schmidt lith.